JEAN DE LA FONTAINE

Fables

PARCOURS ASSOCIÉ Imagination et pensée au XVIIᵉ siècle

1678-1679

Livres VII à XI, texte intégral

Édition présentée par
Anne Cassou-Noguès
Agrégée de Lettres modernes

Sous la direction de Florence Renner
Agrégée de Lettres modernes

Sommaire

- ▶ **Biographie** 4
- ▶ **Contexte historique** 7
- ▶ **Contexte culturel** 9
- ▶ **Repères chronologiques** 12

Lire... Les *Fables* 13

- ▶ **LIVRE VII** 17

  Explication de texte 1
  « La Laitière et le Pot au lait » :
  Faut-il condamner l'imagination ? 35

  Explication de texte 2
  « Les deux Coqs » : Les héros existent-ils vraiment ? 42

- ▶ **LIVRE VIII** 53

  Explication de texte 3
  « Le Lion, le Loup et le Renard » : Comment faire
  preuve d'imagination pour sauver sa peau ? 59

  Explication de texte 4
  « Le Pouvoir des Fables » : Quels pouvoirs
  particuliers La Fontaine attribue-t-il aux fables ? 63

- ▶ **LIVRE IX** 103

  Explication de texte 5
  « Les deux Pigeons » : Par quels moyens
  La Fontaine condamne-t-il la curiosité ? 109

- ▶ **LIVRE X** 141

  Explication de texte 6
  « Le Berger et le Roi » :
  Comment La Fontaine critique-t-il la Cour ? 156

- ▶ **LIVRE XI** 169

  Explication de texte 7
  « Le Vieillard et les trois jeunes Hommes » : Pourquoi
  La Fontaine fait-il l'éloge de la vieillesse ? 187

LE DOSSIER du lycéen

▶ **Testez votre lecture** 192

▶ **Comprendre l'œuvre**
    1. Des personnages imaginaires 194
    • Lecture d'image 195
    2. L'art du récit ou les « enrichissements » de l'imagination ... 196
    3. La satire de la cour 198

▶ **Explorer le parcours associé :**
Imagination et pensée au XVIIᵉ siècle

LES THÈMES
    1. Le combat de l'imagination et de la raison 201
    2. L'imagination comme enveloppe de la pensée dans la fable ... 203
    3. Penser grâce à l'imagination : la fable, lieu d'expérimentation ... 205
    4. Le triomphe de l'imagination 207
    • Lecture d'image 208

GROUPEMENTS DE TEXTES
▶ **❶ Les moralistes, de l'image à l'idée** 210
    1. La Rochefoucauld, *Maximes*, 1664 210
    2. Pascal, *Les Pensées*, 1670 211
    3. La Bruyère, *Les Caractères*, 1688 212
▶ **❷ L'apologue, ou l'art d'imaginer pour mieux penser** ... 214
    1. Savinien Cyrano de Bergerac,
    Histoire comique des États et Empires de la Lune, 1657 ... 214
    2. Fontenelle, *Entretiens sur la pluralité des mondes*, 1686 ... 216
    3. Perrault, *Histoires ou contes du temps passé*, 1697 217

▶ **Vers le BAC**
    • **La dissertation** 219
    • **L'oral** 224

▶ **Lexique** 232

▶ **Conseils de lecture** 234

▶ **Index des fables** 236

ISBN : 978 209 151217-4
© Nathan, 2019.

Biographie

Qui est Jean de La Fontaine en 1678 ?

On a tendance à réduire Jean de La Fontaine à une œuvre, les *Fables*, et à un mécène, le surintendant des finances Nicolas Fouquet. Pourtant, ce qui caractérise ce poète, c'est au contraire la grande variété des œuvres publiées et les différentes orientations qu'a prises son existence au fil des décennies. Celui qui voulait « *remplir de plus de variété* [s]on *Ouvrage* » a su rendre sa propre histoire tout aussi chatoyante.

Les origines du poète

● La Fontaine naît en 1621 à Château-Thierry, dans l'Aisne. C'est donc par son expérience personnelle qu'il découvre d'abord la campagne et les scènes rurales, qui serviront souvent de cadre à ses poèmes. Afin de poursuivre son éducation, il se rend à Paris pour faire ses études. Là, il découvre le jansénisme, une religion stricte proche du protestantisme, et se retire pendant un temps dans un cloître. Il découvre aussi l'univers plus sensuel des cabarets et de l'écriture poétique. On observe ainsi, dès la jeunesse de La Fontaine, la variété des goûts et des humeurs.

● Mais le père du jeune homme le presse de se ranger. La Fontaine se marie en 1647 avec une jeune fille fortunée et acquiert en 1652 la charge de maître des eaux et forêts. Il ne renonce pas pour autant à ses ambitions poétiques. En 1657, grâce à des relations familiales mais aussi des amis artistes, il fait la connaissance d'un des personnages les plus puissants du royaume, Nicolas Fouquet, surintendant des finances et grand amateur d'art. Cette rencontre est déterminante.

● À Vaux-le-Vicomte, il fréquente les artistes que son protecteur a réunis autour de lui. Il lie de nombreuses amitiés avec des écrivains de son temps. Il s'y plaît et savoure le charme des fêtes somptueuses qu'organise Fouquet. Mais après celle du 17 août 1661, Louis XIV décide de mettre un terme aux rêves de grandeur de Fouquet en le faisant arrêter. La Fontaine lui reste fidèle jusqu'à s'attirer les foudres du roi. Exilé de la cour, il doit alors chercher ailleurs protection et inspiration. C'est donc plus par nécessité que par goût que le poète emprunte un chemin de traverse.

Une situation financière précaire

● Avec Nicolas Fouquet, il avait signé un contrat de « pension » : il devait rembourser en vers, tous les trois mois, la pension que lui versait son mécène. Après l'arrestation de son protecteur, il devient « gentilhomme servant » de Madame, duchesse douairière d'Orléans, qui meurt en 1672. Il est alors accueilli par Madame de la Sablière. Il bénéficie de la richesse intellectuelle de son salon mais n'en tire aucun bénéfice pécunier.

- La Fontaine connait un grand succès avec la publication des *Contes et nouvelles en vers* en 1665, 1666 et 1671, et avec celle du premier recueil des *Fables* en 1668. Mais *Les Nouveaux Contes*, qui paraissent sans permission du Roi en 1673, sont interdits l'année suivante. Ils sont en effet jugés trop licencieux. S'ils n'ont rien de commun avec les textes pornographiques actuels, les contes de La Fontaine évoquent en effet le plaisir charnel et suggèrent la douceur de relations extra-conjugales. Cela semble intolérable dans un royaume catholique. Dès lors, La Fontaine n'a plus de ressources. Il est même contraint de revendre sa charge de maître des eaux et forêts.

- Il place donc beaucoup d'espoir dans la publication de son second recueil de fables publié en 1678 (les livres VII à XI), dédicacé à Madame de Montespan (« *C'est de vous que mes vers attendent tout leur prix* »). Cette dernière n'est pas seulement, comme le dit Madame de Sévigné, « *l'esprit le plus vif, le plus fin, le mieux cultivé* », l'esprit le mieux à même d'apprécier les fables, donc, c'est aussi et surtout la favorite du roi, dont elle a eu sept enfants. Pourtant, à l'époque où est publié le second recueil des *Fables*, elle est supplantée par Mademoiselle de Fontanges. La Fontaine, décidément, ne parvient pas à entrer dans les bonnes grâces du Roi Soleil...

> *La Fontaine place beaucoup d'espoir dans la publication de son second recueil de fables publié en 1678 (les actuels livres VII à XI), dédicacé à Madame de Montespan.*

Le salon de Madame de la Sablière

- En 1678, La Fontaine fréquente assidûment le salon de Madame de la Sablière. Il y rencontre de nombreux artistes et intellectuels. Parmi eux, citons le médecin Bernier, disciple de Gassendi, qui prône une philosophie inspirée d'Épicure, à laquelle La Fontaine n'est pas indifférent. Le fabuliste développe en effet une pensée épicurienne tant dans son versant scientifique – une nature physique composée d'atomes – que dans son versant moral – il faut savoir jouir du moment présent, en modérant ses désirs, se fier à la raison et repousser les superstitions.

- Le second livre des *Fables* se fait l'écho de ces considérations. Ainsi, dans « Rien de trop » (p. 121), il invite à la tempérance, tandis que dans « L'Horoscope » (p. 83, v. 74), il mentionne « *un atome* ». C'est surtout « Le discours à Madame de la Sablière » (p. 132), un long poème placé à la fin du livre IX, qui fait écho aux débats qui s'organisent dans son salon. Le poète fait d'abord l'éloge d'Iris, « *peu semblable au reste des mortelles* », puis il se penche sur un débat philosophique : les animaux ont-ils une âme ?

La Fontaine à l'Académie française

- Le second recueil des *Fables* ne connaît pas le même succès que le précédent. Peut-être est-il trop exigeant ? Ou lui manque-t-il l'effet de surprise dont avait bénéficié le premier ? Cela n'empêche pas La Fontaine d'être élu à l'Académie française en 1683.

- Cependant, le Roi Louis XIV ne lui a pardonné ni son inconditionnel soutien à son premier mécène, Fouquet, ni le caractère licencieux de ses contes. Il retarde la nomination du poète et exige que son historiographe, Nicolas Boileau, soit élu avant. Ce n'est donc qu'un an plus tard que le fabuliste peut prononcer son discours à l'Académie. Il y lit la fable « Le Renard, le loup et le cheval », publiée dans le livre XII des Fables. C'est une manière d'accorder à ce genre une place privilégiée, alors qu'il est aussi l'auteur depoèmes scientifiques, de pièces, d'un roman...

Un auteur que rien n'assagit

- Académicien certes, mais toujours aussi curieux et mû par des ambitions variées, La Fontaine s'essaie à plusieurs genres littéraires. Tenté par le théâtre, il ne rencontre pas le succès. Courtisan en quête d'estime, il compose des poèmes pour célébrer les victoires de son roi tout en stigmatisant la cour et les excès de pouvoir d'un monarque puissant dans d'implacables satires.

- Sur le plan moral et religieux, on retrouve cette même hésitation. En effet, celui qui chantait les princes de Conti aux mœurs pour le moins libérées, se repend en 1693 et se tourne vers une religion austère.

- La Fontaine en 1678 est donc un poète souvent sans ressources, toujours en mal de reconnaissance politique, qui entretient des relations conflictuelles avec la morale et la religion.

Contexte historique

Louis XIV au pouvoir

Un pouvoir absolu

- Louis XIV a quatre ans lorsqu'il succède à son père en 1643. La régence, qui dure jusqu'à la mort de Mazarin en 1661, est marquée par la Fronde, au cours de laquelle les grands du royaume s'insurgent contre l'autorité royale. C'est pour réaffirmer fermement cette dernière que Louis XIV décide de gouverner seul. Dès le début de son règne, il fait arrêter Nicolas Fouquet qu'il soupçonne de convoiter la place de premier ministre. Nombreux sont désormais les ministres qui appartiennent à la bourgeoisie : l'un d'eux, Colbert, profitera de la disgrâce de Fouquet.

> *La Fontaine, dans le second recueil de ses* Fables, *s'en prend aussi bien à l'absolutisme royal qu'à l'ambition sans limite des courtisans.*

- La noblesse est isolée à la cour, à Versailles où le Roi-Soleil s'installe en 1682. La Fontaine, dans le second recueil de ses *Fables*, s'en prend aussi bien à l'absolutisme royal (« La Cour du Roi », p. 28) qu'à l'ambition sans limite des courtisans (« *Messieurs les courtisans, cessez de vous détruire* », dans « Le Lion, le Loup et le Renard », p. 57). Ces derniers sont très nombreux à Versailles – entre trois et dix mille – et forment un ensemble hétéroclite et très hiérarchisé. Ils cherchent par tous les moyens à attirer l'attention du roi par leur mérite et leur naissance. Pour cela, ils obéissent à l'étiquette et sont entièrement soumis au bon vouloir du monarque, du lever au coucher.

- Au début de son règne, Louis XIV remporte de nombreuses victoires et affirme sa position en Europe. C'est ainsi que la guerre de Hollande (1672-1679) s'achève par le rattachement de la Franche-Comté au royaume de France. La Fontaine fait allusion à la politique belliciste du roi à la fin de sa fable « Un Animal dans la Lune » (p. 50) : « *Ô peuple trop heureux, quand la paix viendra-t-elle / Nous rendre comme vous tout entiers aux beaux-arts ?* ». Sur le plan économique enfin, Colbert, contrôleur général des finances, mène une politique de développement industriel afin de promouvoir la production, notamment textile. Il développe aussi le commerce maritime.

> *Louis XIV devient le premier mécène du royaume, et veille à ce que les arts se mettent au service de sa gloire*

Louis XIV et les arts

- Louis XIV préside l'Académie française, créée en 1635 par Richelieu, qui, parmi les premiers, avait compris que les arts pouvaient servir le pouvoir, mais aussi l'Académie royale de peinture ou encore d'architecture. Dès lors, en attribuant des pensions aux artistes, comme ce fut le cas pour Molière, il devient le premier mécène du royaume, et veille à ce que les arts se mettent au service de sa gloire.
- Un artiste classique ne crée pas comme il le sent, au gré de son inspiration ou de ses envies. Sa liberté est limitée. En effet, il faut obtenir le privilège du roi pour imprimer un texte. L'Église, elle aussi, peut faire interdire un ouvrage qui lui paraît immoral ou contraire aux préceptes religieux.

Une fin de règne en demi-teinte

- La fin du règne de Louis XIV est plus terne. Les guerres vident les caisses du royaume et les famines accentuent les difficultés financières, laissant la France exsangue.
- De plus, les dernières guerres menées par Louis XIV (les guerres de la Ligue d'Augsbourg – 1688-1697 – et de la Succession d'Espagne – 1701-1714) associées à la révocation de l'édit de Nantes (1685) qui revient sur le droit des protestants d'exercer librement leur culte, entraînent une série de revers diplomatiques.
- Quant à Louis XIV, il se tourne vers une religion plus austère et une morale plus stricte, entraînant la cour avec lui dans cette mutation.

Contexte culturel

Le classicisme

Des mœurs policées

- Le classicisme naît d'une volonté de réagir contre la grossièreté qui règne à la cour du roi Henri IV puis de Louis XIII. C'est d'abord l'esprit précieux qui manifeste ce nouveau désir d'élégance et de distinction dans les manières et le langage. Les soirées précieuses qu'organise Catherine de Vivonne à l'Hôtel de Rambouillet sont l'occasion de lectures de pièces, de jeux littéraires ou encore de débats sur la psychologie amoureuse. Parallèlement, la langue se raffine et l'on recherche la virtuosité stylistique.

Un siècle de moralistes

- Dès 1635, Richelieu joue un rôle central dans l'encadrement des arts. Il leur assigne une nouvelle finalité : élever les âmes à la vertu, célébrer le Beau et le Bien. Le classicisme n'a donc pas seulement une dimension esthétique mais aussi une perspective éthique. L'œuvre classique doit plaire et instruire.

> « Aux œuvres classiques est assignée une finalité : élever les âmes à la vertu, célébrer le Beau et le Bien »

- Le poète et théologien classique René Rapin précise à ce sujet que « *la fin principale* [de l'œuvre d'art] *est de profiter, non seulement en délassant l'esprit* [...] *mais bien davantage encore en purifiant les mœurs, par les instructions salutaires, qu'elle fait profession de donner à l'homme* » (Les Réflexions sur la poétique et sur les ouvrages des poètes anciens et modernes, 1684).

- On parle souvent du XVIIe siècle comme le siècle du théâtre. C'est avant tout un siècle de moralistes. Outre les pensées, sermons, maximes, portraits, la plupart des œuvres écrites à cette époque sont traversées par des préoccupations morales : les fables de La Fontaine comme les tragédies de Racine et les comédies de Molière, les contes de Perrault et les romans de Madame de Lafayette.

Les principes de l'esthétique classique

- Les œuvres classiques doivent être conformes à la réalité et à la moralité, c'est-à-dire respecter les règles de vraisemblance et de bienséance. La vraisemblance consiste à dire « *non pas ce qui a réellement eu lieu mais ce à quoi on peut s'attendre* » (Aristote, La Poétique, chap. IX). Quant à la bienséance, c'est une exigence morale qui impose qu'une œuvre ne choque le public en aucune façon.

- La langue doit être conçue comme pure et simple. L'idée de naturel triomphe, comme l'enseigne Boileau dans le Chant I de son *Art poétique* (1674) : « *Ce que l'on conçoit bien s'énonce clairement, / Et les mots pour le dire arrivent aisément.* »

La querelle des Anciens et des Modernes

- Si les auteurs classiques s'inspirent tous de l'Antiquité, on observe pourtant deux tendances.
- Les Anciens défendent une imitation respectueuse des auteurs de l'Antiquité. Ils sont liés à la Cour, à l'aristocratie et à la haute magistrature. Ce sont ceux de Versailles. Leur révérence à l'Antiquité va de pair avec une critique aigrie des mœurs contemporaines. Les Modernes, eux, nuancent leur dévouement à l'antique et favorisent l'utilisation d'une langue nouvelle pour créer leurs œuvres. Ils sont associés aux salons parisiens.
- Charles Perrault, représentant des Modernes, met le feu aux poudres en 1687 en lisant à l'Académie le poème « Le Siècle de Louis le Grand », dans lequel il affirme : « *La belle Antiquité fut toujours vénérable. / Mais je ne crus jamais qu'elle fût adorable.* »

La querelle est lancée et il faut prendre parti. La Fontaine se range du côté des Anciens tout en nuançant sa servilité à l'égard des auteurs de l'Antiquité. Dans son *Épitre à Huet* (1687), il écrit en effet : « *me laissant guider, / Souvent à marcher seul j'ose me hasarder. / On me verra toujours pratiquer cet usage / Mon imitation n'est point un esclavage.* »

Fouquet recevant Louis XIV lors d'une fête à Vaux-le-Vicomte, illustration de Maurice Lenoir pour *Le Roy Soleil* de Gustave Toudouze, 1904.

Repères chronologiques

L'auteur		Le contexte
Naissance de Jean de La Fontaine à Château-Thierry.	1621	
	1635	Fondation de l'Académie française
Mariage avec Marie Héricart, âgée d'à peine quinze ans.	1647	
	1648-1652	La Fronde : les nobles se révoltent contre l'autorité monarchique.
Acquisition par La Fontaine d'une charge de Maître des Eaux et Forêts.	1652	
La Fontaine entre dans le cercle de Fouquet, qui protège aussi Perrault, Corneille et Molière, au château de Vaux-le-Vicomte.	1657	
Arrestation de Nicolas Fouquet.	1661	1661 — Début du règne personnel de Louis XIV.
	1664	Louis XIV organise une fête somptueuse à Versailles, Les Plaisirs de l'Île enchantée. Publication des Maximes de La Rochefoucauld.
Publication des *Contes*.	1665-1666-1671 (1674 ?)	
Publication du premier recueil des *Fables*.	1668	
Arrivée chez Madame de la Sablière, qui reçoit les beaux esprits de son temps.	1673	1673 — Mort de Molière.
Publication du second recueil des *Fables*.	1678	
	1682	La cour quitte le Louvre et s'installe à Versailles.
Entrée à l'Académie française.	1684	1685 — Révocation de l'Édit de Nantes.
La Fontaine, dans son *Épître à Huet*, prend parti pour les Anciens dans la querelle qui les oppose aux Modernes	1687	
	1688	Publication des *Caractères* de La Bruyère.
Mort de La Fontaine.	1695	
	1701-1714	Guerre de Succession d'Espagne.
	1715	Mort de Louis XIV.

Lire...

Fables

Jean de La Fontaine
1678-1679

Livres VII à XI, texte intégral

« *Le monde
est vieux, dit-on :
je le crois ; cependant
Il le faut amuser
encor comme
un enfant* »

« Le Pouvoir des Fables »,
Livre VIII, fable VI

Avertissement

Voici un second recueil[1] de fables que je présente au public ; j'ai jugé à propos de donner à la plupart de celles-ci un air et un tour un peu différent que celui que j'ai donné aux premières, tant à cause de la différence des sujets, que pour remplir de plus de variété mon ouvrage. Les traits[2] familiers, que j'ai semés avec assez d'abondance dans les deux autres parties, convenaient bien mieux aux inventions d'Ésope[3] qu'à ces dernières, où j'en use plus sobrement, pour ne pas tomber en des répétitions : car le nombre de ces traits n'est pas infini. Il a donc fallu que j'aie cherché d'autres enrichissements, et étendu davantage les circonstances de ces récits, qui d'ailleurs me semblaient le demander de la sorte. Pour peu que le lecteur y prenne garde, il le reconnaîtra lui-même ; ainsi je ne tiens pas qu'il soit nécessaire d'en étaler ici les raisons, non plus que de dire où j'ai puisé ces derniers sujets. Seulement je dirai, par reconnaissance, que j'en dois la plus grande partie à Pilpay[4], sage indien. Son livre a été traduit en toutes les langues. Les gens du pays le croient fort ancien, et original à l'égard d'Ésope, si ce n'est Ésope lui-même sous le nom du sage Locman[5]. Quelques autres m'ont fourni des sujets assez heureux. Enfin, j'ai tâché de mettre en ces deux dernières parties toute la diversité dont j'étais capable. Il s'est glissé quelques fautes dans l'impression. J'en ai fait faire un errata[6] ; mais ce sont de légers remèdes pour un défaut considérable. Si on veut avoir quelque plaisir de la lecture de cet ouvrage, il faut que chacun fasse corriger ces fautes à la main dans son exemplaire, ainsi qu'elles sont marquées par chaque errata, aussi bien pour les deux premières parties que pour les dernières.

---

1. Le premier recueil, qui contient les livres I à VI, a été publié en 1668.
2. Effets de style.
3. Fabuliste grec du VIe siècle av. J.-C., traditionnellement considéré comme le père de la fable.
4. Sage hindou plus ou moins légendaire qui pourrait avoir vécu entre le IIe et le IVe siècle av. J.-C. En 1644, est publiée en France la traduction d'un des ouvrages qui lui est attribué sous le titre *Livre des Lumières ou la Conduite des rois*.
5. Sage arabe qui aurait vécu au XIe siècle avant notre ère. Il serait l'auteur de fables qui ont circulé à partir du XIIIe siècle mais elles sont si proches de celles d'Ésope qu'on peut se demander si ce ne sont pas les fables de ce dernier qui lui ont été attribuées.
6. Fautes d'impression.

À Madame de Montespan

L'apologue[1] est un don qui vient des Immortels ;
    Ou si c'est un présent des hommes,
Quiconque nous l'a fait mérite des autels :
    Nous devons tous tant que nous sommes,
    Ériger en divinité
Le Sage[2] par qui fut ce bel art inventé.
C'est proprement un charme[3] : il rend l'âme attentive,
    Ou plutôt il la tient captive,
    Nous attachant à des récits
10 Qui mènent à son gré les cœurs et les esprits.
Ô vous qui l'imitez, Olympe, si ma Muse[4]
A quelquefois pris place à la table des Dieux,
Sur ces dons aujourd'hui daignez porter les yeux,
Favorisez les jeux où mon esprit s'amuse !
Le temps qui détruit tout, respectant votre appui,
Me laissera franchir les ans dans cet ouvrage :
Tout auteur qui voudra vivre encore après lui
    Doit s'acquérir votre suffrage[5].
C'est de vous que mes vers attendent tout leur prix :
20   Il n'est beauté dans nos écrits
Dont vous ne connaissiez jusques aux moindres traces.
Eh ! qui connaît que vous[6] les beautés et les grâces !
Paroles et regards, tout est charmes dans vous.

---

1. Court récit allégorique à visée morale.
2. Ésope, fabuliste grec imité par La Fontaine.
3. Ensorcellement.
4. Les neuf filles de Zeus et de Mnémosyne, déesse de la Mémoire, représentent les arts : éloquence, rhétorique, histoire, poésie lyrique, musique, tragédie, danse, comédie et astronomie.
5. Votre appui.
6. Si ce n'est vous.

Madame de Montespan (1640-1707)

La Fontaine place son livre sous la protection de la marquise de Montespan, favorite de Louis XIV, auquel elle donna 7 enfants. Il lui attribue le nom galant d'Olympe, faisant référence probablement à l'allure fière et altière qui la caractérisait.

            Ma Muse, en un sujet si doux,
            Voudrait s'étendre davantage :
Mais il faut réserver à d'autres cet emploi,
        Et d'un plus grand maître[7] que moi
        Votre louange est le partage.
Olympe, c'est assez qu'à mon dernier ouvrage
Votre nom serve un jour de rempart et d'abri.
Protégez désormais le livre favori
Par qui j'ose espérer une seconde vie :
        Sous vos seuls auspices[8] ces vers
        Seront jugés, malgré l'envie,
        Dignes des yeux de l'univers.
Je ne mérite pas une faveur si grande ;
        La fable en son nom la demande.
Vous savez quel crédit ce mensonge[9] a sur nous.
S'il procure à mes vers le bonheur de vous plaire,
Je croirai lui devoir un temple pour salaire ;
Mais je ne veux bâtir des temples que pour vous.

---

7. Le Roi-Soleil.
8. Votre protection.
9. La fable est considérée comme une fiction.

LIVRE SEPTIÈME

I

Les Animaux malades de la Peste

Un mal qui répand la terreur,
Mal que le Ciel en sa fureur
Inventa pour punir les crimes de la terre,
La peste[1] (puisqu'il faut l'appeler par son nom),
Capable d'enrichir en un jour l'Achéron[2],
Faisait aux animaux la guerre.
Ils ne mouraient pas tous, mais tous étaient frappés.
On n'en voyait point d'occupés
À chercher le soutien d'une mourante vie ;
Nul mets[3] n'excitait leur envie.
Ni loups ni renards n'épiaient
La douce et l'innocente proie ;
Les tourterelles se fuyaient :
Plus d'amour, partant[4] plus de joie.
Le Lion tint conseil, et dit : « Mes chers amis,
Je crois que le Ciel a permis
Pour nos péchés cette infortune.
Que le plus coupable de nous
Se sacrifie aux traits[5] du céleste courroux[6] ;
Peut-être il obtiendra la guérison commune.
L'histoire nous apprend qu'en de tels accidents
On fait de pareils dévouements[7].
Ne nous flattons donc point, voyons sans indulgence
L'état de notre conscience.

---

1. Maladie contagieuse souvent mortelle.
2. Fleuve des Enfers dans la mythologie grecque.
3. Aliment, plat à déguster.
4. Par conséquent.
5. Flèches.
6. Colère.
7. Sacrifices pour la collectivité.

Livre septième

Pour moi, satisfaisant mes appétits gloutons,
J'ai dévoré force[8] moutons.
Que m'avaient-ils fait ? nulle offense.
Même il m'est arrivé quelquefois de manger
Le berger.
Je me dévouerai donc, s'il le faut ; mais je pense
30 Qu'il est bon que chacun s'accuse ainsi que moi :
Car on doit souhaiter, selon toute justice,
Que le plus coupable périsse.
– Sire, dit le Renard, vous êtes trop bon roi ;
Vos scrupules font voir trop de délicatesse ;
Et bien ! manger moutons, canaille, sotte espèce,
Est-ce un péché ? Non, non. Vous leur fîtes, Seigneur,
En les croquant, beaucoup d'honneur ;
Et quant au berger, l'on peut dire
Qu'il était digne de tous maux,
40 Étant de ces gens-là qui sur les animaux
Se font un chimérique empire[9]. »
Ainsi dit le Renard ; et flatteurs d'applaudir.
On n'osa trop approfondir
Du Tigre, ni de l'Ours, ni des autres puissances,
Les moins pardonnables offenses.
Tous les gens querelleurs, jusqu'aux simples mâtins[10],
Au dire de chacun étaient de petits saints.
L'Âne vint à son tour et dit : « J'ai souvenance
Qu'en un pré de moines passant,
50 La faim, l'occasion, l'herbe tendre, et, je pense,
Quelque diable aussi me poussant,
Je tondis de ce pré la largeur de ma langue.
Je n'en avais nul droit, puisqu'il faut parler net. »
À ces mots, on cria haro[11] sur le Baudet.

---

8. Beaucoup de.
9. Croient avoir le pouvoir.
10. Gros chiens.
11. Cria de manière à le désigner publiquement comme coupable.

Un loup quelque peu clerc[12] prouva par sa harangue[13]
Qu'il fallait dévouer ce maudit animal,
Ce pelé, ce galeux, d'où venait tout le mal.
Sa peccadille[14] fut jugée un cas pendable[15].
Manger l'herbe d'autrui ! quel crime abominable !
     Rien que la mort[16] n'était capable
D'expier son forfait. On le lui fit bien voir.
Selon que vous serez puissant ou misérable,
Les jugements de cour vous rendront blanc ou noir.

II

Le mal marié

Que le bon soit toujours camarade du beau,
     Dès demain je chercherai femme[1] ;
Mais comme le divorce[2] entre eux n'est pas nouveau,
Et que peu de beaux corps, hôtes d'une belle âme
     Assemblent l'un et l'autre point,
Ne trouvez pas mauvais que je ne cherche point.
J'ai vu beaucoup d'hymens[3], aucuns d'eux ne me tentent :
Cependant des humains presque les quatre parts
S'exposent hardiment au plus grand des hasards ;
Les quatre parts aussi des humains se repentent.
J'en vais alléguer[4] un qui, s'étant repenti,
     Ne put trouver d'autre parti
     Que de renvoyer son épouse,
     Querelleuse, avare et jalouse.
Rien ne la contentait, rien n'était comme il faut :
On se levait trop tard, on se couchait trop tôt ;

---

12. Savant.
13. Discours.
14. Faute légère, sans gravité.
15. Digne d'être puni de mort.
16. La mort seule.

Fable II – 1. Il ne s'agit pas ici d'une confidence de La Fontaine. Le fabuliste imagine un personnage de fiction.
2. Séparation (ici du Beau et du Bien).
3. Mariages.
4. Prendre pour preuve.

Livre septième

Puis du blanc, puis du noir, puis encore autre chose.
Les valets enrageaient, l'époux était à bout :
« Monsieur ne songe à rien, monsieur dépense tout,
20   Monsieur court, Monsieur se repose. »
Elle en dit tant que Monsieur, à la fin,
Lassé d'entendre un tel lutin[5],
Vous la renvoie à la campagne
Chez ses parents. La voilà donc compagne
De certaines Philis[6] qui gardent les dindons
Avec les gardeurs de cochons.
Au bout de quelque temps qu'on la crut adoucie,
Le mari la reprend. « Eh bien ! qu'avez-vous fait ?
Comment passiez-vous votre vie ?
30 L'innocence des champs est-elle votre fait[7] ?
– Assez, dit-elle : mais ma peine
Était de voir les gens plus paresseux qu'ici :
Ils n'ont des troupeaux nul souci.
Je leur savais bien dire, et m'attirais la haine
De tous ces gens si peu soigneux.
– Eh ! Madame, reprit son époux tout à l'heure[8],
Si votre esprit est si hargneux
Que le monde qui ne demeure
Qu'un moment avec vous, et ne revient qu'au soir,
40   Est déjà lassé de vous voir,
Que feront des valets qui toute la journée
Vous verront contre eux déchaînée ?
Et que pourra faire un époux
Que vous voulez qui soit jour et nuit avec vous ?
Retournez au village : adieu ; si de ma vie
Je vous rappelle, et qu'il m'en prenne envie,
Puissé-je chez les morts avoir pour mes péchés
Deux femmes comme vous sans cesse à mes côtés ! »

---

5. Démon.
6. Nom traditionnellement donné aux bergères de la poésie galante.
7. Vous convient-elle.
8. Aussitôt.

Livre septième

III

Le Rat qui s'est retiré du monde

Les Levantins[1] en leur légende
Disent qu'un certain Rat, las des soins[2] d'ici-bas,
Dans un fromage de Hollande
Se retira loin du tracas.
La solitude était profonde,
S'étendant partout à la ronde.
Notre ermite[3] nouveau subsistait là-dedans.
Il fit tant, de pieds et de dents,
Qu'en peu de jours il eut au fond de l'ermitage
10 Le vivre et le couvert[4] ; que faut-il davantage ?
Il devint gros et gras : Dieu prodigue ses biens
À ceux qui font vœu d'être siens.
Un jour au dévot[5] personnage
Des députés du peuple rat
S'en vinrent demander quelque aumône légère :
Ils allaient en terre étrangère
Chercher quelque secours contre le peuple chat ;
Ratopolis[6] était bloquée :
On les avait contraints de partir sans argent,
20 Attendu l'état indigent[7]
De la république attaquée.
Ils demandaient fort peu, certains que le secours
Serait prêt dans quatre ou cinq jours.
« Mes amis, dit le Solitaire,

---

1. Habitants du Levant, c'est-à-dire des bords orientaux de la Méditerranée.
2. Soucis.
3. Religieux qui vit seul pour se consacrer pleinement à Dieu.
4. De quoi dormir et de quoi manger.
5. Pieux, religieux.
6. Ville des rats, lieu imaginaire (*polis* en grec désigne la ville).
7. Pauvreté.

> **Des allusions politiques**
>
> Cette fable pourrait faire allusion à la situation contemporaine de la France. En effet, lors de la guerre de Hollande (1672-1678), le clergé s'est opposé à la contribution aux dépenses militaires réclamée par le Roi, en 1675. Le « tracas » pourrait faire référence à ce conflit.

Les choses d'ici-bas ne me regardent plus :
En quoi peut un pauvre reclus[8]
Vous assister ? que peut-il faire,
Que de prier le Ciel qu'il vous aide en ceci ?
J'espère qu'il aura de vous quelque souci. »
Ayant parlé de cette sorte,
Le nouveau saint ferma sa porte.
Qui désigné-je, à votre avis,
Par ce Rat si peu secourable ?
Un moine ? Non, mais un dervis[9] :
Je suppose qu'un moine est toujours charitable.

IV

Le Héron

Un jour, sur ses longs pieds, allait, je ne sais où
Le Héron au long bec emmanché d'un long cou.
　　　　Il côtoyait[1] une rivière.
L'onde était transparente ainsi qu'aux plus beaux jours ;
Ma commère[2] la Carpe y faisait mille tours
　　　　Avec le Brochet son compère.
Le Héron en eût fait aisément son profit :
Tous approchaient du bord, l'oiseau n'avait qu'à prendre ;
　　　　Mais il crut mieux faire d'attendre
　　　　Qu'il eût un peu plus d'appétit :
Il vivait de régime[3], et mangeait à ses heures.
Après quelques moments l'appétit vint ; l'Oiseau,

---

8. Religieux qui vit en ermite, loin du monde.
9. Derviche, religieux turc.
Fable IV – 1. Longeait.
2. Marraine et parrain (compère) d'un enfant. Par extension, ces mots désignent, dans la langue familière, des amis, des individus dont on est proche.
3. Surveillait son alimentation.

Livre septième

S'approchant du bord, vit sur l'eau
Des tanches⁴ qui sortaient du fond de ces demeures.
Le mets⁵ ne lui plut pas : il s'attendait à mieux,
    Et montrait un goût dédaigneux,
    Comme le Rat du bon Horace.
« Moi, des tanches ! dit-il ; moi, Héron, que je fasse
20 Une si pauvre chère ! et pour qui me prend-on ? »
La tanche rebutée⁶, il trouva du goujon⁷.
« Du goujon ! c'est bien là le dîner d'un Héron !
J'ouvrirais pour si peu le bec ! aux Dieux ne plaise ! »
Il l'ouvrit pour bien moins : tout alla de façon
    Qu'il ne vit plus aucun poisson.
La faim le prit : il fut tout heureux et tout aise
    De rencontrer un limaçon.
    Ne soyons pas si difficiles :
Les plus accommodants, ce sont les plus habiles ;
30 On hasarde⁸ de perdre en voulant trop gagner.
    Gardez-vous de rien dédaigner ;
Surtout quand vous avez à peu près votre compte.
Bien des gens y sont pris. Ce n'est pas aux hérons
Que je parle : écoutez, humains, un autre conte :
Vous verrez que chez vous j'ai puisé ces leçons.

---

4. Poissons d'eau douce qui vivent dans la vase.
5. Le plat, la nourriture.
6. Repoussée, refusée.
7. Poisson de petite taille.
8. Prend le risque de.

Horace, poète satirique

Horace, un poète latin du Ier siècle avant J.-C., met en scène un rat des villes qui dédaigne la nourriture simple du rat des champs (*Satires*, II, 6). La Fontaine a lui aussi écrit une fable sur le sujet (I, 9). Le repas du rat des villes est riche mais on le mange dans la crainte d'être surpris ; celui du rat des champs est simple mais on le mange en paix.

V
La Fille[1]

      Certaine Fille un peu trop fière
      Prétendait trouver un mari
Jeune, bien fait et beau, d'agréable manière,
Point froid et point jaloux : notez ces deux points-ci.
      Cette Fille voulait aussi
      Qu'il eût du bien, de la naissance[2],
De l'esprit, enfin tout. Mais qui peut tout avoir ?
Le Destin se montra soigneux de la pourvoir :
      Il vint des partis d'importance.
La belle les trouva trop chétifs[3] de moitié :
« Quoi ! moi ? quoi ! ces gens-là ? l'on radote[4], je pense.
À moi les proposer ! Hélas ! ils font pitié.
      Voyez un peu la belle espèce ! »
L'un n'avait en l'esprit nulle délicatesse ;
L'autre avait le nez fait de cette façon-là ;
      C'était ceci, c'était cela,
      C'était tout : car les précieuses
      Font dessus tout les dédaigneuses.
Après les bons partis, les médiocres gens
      Vinrent se mettre sur les rangs.
Elle de se moquer. « Ah ! vraiment je suis bonne
De leur ouvrir la porte ! Ils pensent que je suis
      Fort en peine de ma personne.
      Grâce à Dieu, je passe les nuits
      Sans chagrin, quoique en solitude. »

---

1. Les deux fables « Le Héron » et « La Fille » constituent deux versions d'une même morale. Certaines éditions n'en font qu'une fable, avec cependant deux numéros : V et VI.
2. Qu'il vînt d'une famille noble.
3. Faibles, maigres.
4. Se répète et dit n'importe quoi.

La Fille, une précieuse ?

Les précieuses, qui se plaisent à se réunir dans des salons, accordent une grande importance au langage et à ses raffinements, aiment la poésie et les beaux vers. Molière s'en moque dans sa comédie *Les Précieuses ridicules*, jouée en 1659.

La belle se sut gré[5] de tous ces sentiments.
L'âge la fit déchoir[6] : adieu tous les amants.
Un an se passe, et deux, avec inquiétude.
Le chagrin vient ensuite ; elle sent chaque jour
30 Déloger quelques Ris[7], quelques Jeux, puis l'Amour ;
      Puis ses traits[8] choquer et déplaire ;
Puis cent sortes de fards. Ses soins ne purent faire
Qu'elle échappât au Temps, cet insigne larron[9].
      Les ruines d'une maison
Se peuvent réparer : que n'est cet avantage
      Pour les ruines du visage !
Sa préciosité changea lors de langage.
Son miroir lui disait : « Prenez vite un mari. »
Je ne sais quel désir le lui disait aussi :
40 Le désir peut loger chez une précieuse.
Celle-ci fit un choix qu'on n'aurait jamais cru,
Se trouvant à la fin tout aise et tout heureuse
      De rencontrer un malotru[10].

VI

Les Souhaits

    Il est au Mogol[1] des follets[2]
    Qui font office de valets,
Tiennent la maison propre, ont soin de l'équipage[3],
    Et quelquefois du jardinage.
    Si vous touchez à leur ouvrage,
Vous gâtez tout. Un d'eux près du Gange[4] autrefois

---

5. Se félicita.
6. Se dégrader, perdre sa beauté.
7. Rires.
8. Son apparence.
9. Remarquable voleur.
10. Personne grossière, sans éducation.

Fable VI – 1. Vaste empire fondé au XVIe siècle en Inde.
2. Esprits malicieux.
3. Tout ce qui est nécessaire au bon fonctionnement d'une maison.
4. Fleuve en Inde.

Livre septième

Cultivait le jardin d'un assez bon bourgeois.
Il travaillait sans bruit, avait beaucoup d'adresse,
　　　　Aimait le maître et la maîtresse,
Et le jardin surtout. Dieu sait si les Zéphyrs[5],
Peuple ami du Démon, l'assistaient dans sa tâche !
Le Follet, de sa part, travaillant sans relâche,
　　　　Comblait ses hôtes de plaisirs.
　　　　Pour plus de marques de son zèle,
Chez ces gens pour toujours il se fût arrêté,
　　　　Nonobstant[6] la légèreté
　　　　À ses pareils si naturelle ;
　　　　Mais ses confrères les Esprits
Firent tant que le chef de cette république,
　　　　Par caprice ou par politique,
　　　　Le changea bientôt de logis.
Ordre lui vient d'aller au fond de la Norvège
　　　　Prendre le soin d'une maison
　　　　En tout temps couverte de neige ;
Et d'Indou qu'il était on vous le fait Lapon.
Avant que de partir, l'Esprit dit à ses hôtes :
　　　« On m'oblige de vous quitter :
　　　Je ne sais pas pour quelles fautes.
Mais enfin il le faut. Je ne puis arrêter[7]
Qu'un temps fort court, un mois, peut-être une semaine.
Employez-la ; formez trois souhaits, car je puis
　　　　Rendre trois souhaits accomplis :
Trois, sans plus. » Souhaiter, ce n'est pas une peine
　　　　Étrange et nouvelle aux humains.
Ceux-ci pour premier vœu demandent l'abondance,

---

5. Vent réputé pour sa douceur.
6. Malgré.
7. Retarder mon départ.

Et l'Abondance à pleines mains,
Verse en leur coffre la finance,
En leurs greniers le blé, dans leurs caves les vins ;
Tout en crève. Comment ranger cette chevance[8] ?
Quels registres[9], quels soins, quel temps il leur fallut !
Tous deux sont empêchés[10] si jamais on le fut.
Les voleurs contre eux complotèrent,
Les grands seigneurs leur empruntèrent,
Le Prince les taxa. Voilà les pauvres gens
Malheureux par trop de fortune.
« Ôtez-nous de ces biens l'affluence importune,
Dirent-ils l'un et l'autre ; heureux les indigents !
La pauvreté vaut mieux qu'une telle richesse.
Retirez-vous, trésors ; fuyez : et toi, Déesse,
Mère du bon esprit, compagne du repos,
Ô Médiocrité[11], reviens vite. » À ces mots,
La Médiocrité revient ; on lui fait place ;
Avec elle ils rentrent en grâce,
Au bout de deux souhaits étant aussi chanceux
Qu'ils étaient, et que sont tous ceux
Qui souhaitent toujours et perdent en chimères[12]
Le temps qu'ils feraient mieux de mettre à leurs affaires.
Le Follet en rit avec eux.
Pour profiter de sa largesse,
Quand il voulut partir et qu'il fut sur le point,
Ils demandèrent la sagesse :
C'est un trésor qui n'embarrasse point.

---

8. Ensemble des possessions.
9. Livres de comptes.
10. Embarrassés.
11. Juste mesure, modération.
12. Frivolités.

VII

La Cour du Lion

Sa Majesté Lionne un jour voulut connaître
De quelles nations le Ciel l'avait fait maître.
        Il manda donc par députés[1]
        Ses vassaux[2] de toute nature,
        Envoyant de tous les côtés
        Une circulaire écriture[3],
        Avec son sceau. L'écrit portait
        Qu'un mois durant le Roi tiendrait
        Cour plénière, dont l'ouverture
        Devait être un fort grand festin,
        Suivi des tours de Fagotin[4].
        Par ce trait de magnificence
Le Prince à ses sujets étalait sa puissance.
        En son Louvre[5] il les invita.
Quel Louvre ! un vrai charnier, dont l'odeur se porta
D'abord au nez des gens. L'Ours boucha sa narine :
Il se fût bien passé de faire cette mine,
Sa grimace déplut. Le Monarque irrité
L'envoya chez Pluton[6] faire le dégoûté.
Le Singe approuva fort cette sévérité,
Et flatteur excessif, il loua la colère
Et la griffe du Prince, et l'antre, et cette odeur :
        Il n'était ambre[7], il n'était fleur,
Qui ne fût ail au prix[8]. Sa sotte flatterie
Eut un mauvais succès, et fut encor punie.
        Ce Monseigneur du Lion là,

---

1. Envoya chercher par ses ambassadeurs.
2. Selon le système féodal, seigneurs dépendant du roi.
3. Écrit légal envoyé à plusieurs personnes à la fois.
4. Singe savant exhibé avec grand succès à la foire Saint-Germain, à l'époque de La Fontaine.
5. Résidence des rois de France du XIVe siècle jusqu'à l'installation de Louis XIV à Versailles en 1682.
6. Dieu des Enfers chez les Romains.
7. L'ambre gris, concrétion intestinale du cachalot qui dégage une odeur puissante, très recherchée pour la fabrication de certains parfums.
8. Par comparaison.

Fut parent de Caligula[9].
Le renard étant proche : Or çà, lui dit le Sire,
Que sens-tu ? dis-le-moi : Parle sans déguiser.
　　　　L'autre aussitôt de s'excuser,
Alléguant un grand rhume : il ne pouvait que dire
　　　　Sans odorat ; bref il s'en tire.
　　　　Ceci vous sert d'enseignement.
Ne soyez à la Cour, si vous voulez y plaire,
　　　Ni fade adulateur, ni parleur trop sincère ;
Et tâchez quelquefois de répondre en Normand[10].

VIII

Les Vautours et les Pigeons

Mars[1] autrefois mit tout l'air en émute[2].
Certain sujet fit naître la dispute
Chez les oiseaux : non ceux[3] que le Printemps
Mène à sa cour, et qui, sous la feuillée,
Par leur exemple et leurs sons éclatants,
Font que Vénus[4] est en nous réveillée ;
Ni ceux encor[5] que la Mère d'Amour
Met à son char ; mais le peuple vautour,
Au bec retors[6], à la tranchante serre,
Pour un chien mort se fit, dit-on, la guerre.
Il plut du sang ; je n'exagère point.
Si je voulais conter de point en point
Tout le détail, je manquerais d'haleine.
Maint chef périt, maint héros expira ;
Et sur son roc Prométhée espéra

---

9. Empereur romain du I[e] siècle après J.-C., connu pour sa cruauté.
10. Sans dire ni oui ni non.
Fable VIII – 1. Dieu de la guerre chez les Romains.
2. Émeute.
3. Les rossignols.
4. Déesse de l'amour chez les Romains. C'est la mère de Cupidon.
5. Les colombes.
6. Crochu.

Fables • 29

Livre septième

De voir bientôt une fin à sa peine.
C'était plaisir d'observer leurs efforts ;
C'était pitié de voir tomber les morts.
Valeur, adresse, et ruses, et surprises,
Tout s'employa. Les deux troupes éprises[7]
D'ardent courroux[8] n'épargnaient nuls moyens
De peupler l'air que respirent les Ombres :
Tout élément remplit de citoyens
Le vaste enclos qu'ont les royaumes sombres.
Cette fureur mit la compassion
Dans les esprits d'une autre nation[9]
Au col changeant, au cœur tendre et fidèle.
Elle employa sa médiation
Pour accorder[10] une telle querelle.
Ambassadeurs par le peuple pigeon
Furent choisis, et si bien travaillèrent,
Que les Vautours plus ne se chamaillèrent.
Ils firent trêve, et la paix s'ensuivit.
Hélas ! ce fut aux dépens de la race
À qui la leur aurait dû rendre grâce.
La gent maudite[11] aussitôt poursuivit
Tous les pigeons, en fit ample carnage,
En dépeupla les bourgades, les champs.
Peu de prudence eurent les pauvres gens,
D'accommoder[12] un peuple si sauvage.
Tenez toujours divisés les méchants :
La sûreté du reste de la terre
Dépend de là : Semez entre eux la guerre,
Ou vous n'aurez avec eux nulle paix.
Ceci soit dit en passant. Je me tais.

---

7. Saisies.
8. Colère.
9. Chez les pigeons.
10. Mettre fin au conflit.
11. Les vautours.
12. Les mettre d'accord avec leurs ennemis.

Le mythe de Prométhée

Héros mythologique, il vola le feu aux dieux pour le donner aux hommes. Zeus le condamna à être enchaîné sur un rocher où un vautour vient quotidiennement lui ronger le foie. Ce supplice est éternel puisque chaque jour, son foie repousse.

IX
Le Coche et la Mouche

Dans un chemin montant, sablonneux, malaisé,
Et de tous les côtés au soleil exposé,
      Six forts chevaux tiraient un coche[1].
Femmes, moine, vieillards, tout était descendu.
L'attelage suait, soufflait, était rendu[2].
Une Mouche survient, et des chevaux s'approche,
Prétend les animer par son bourdonnement,
Pique l'un, pique l'autre, et pense à tout moment
      Qu'elle fait aller la machine,
S'assied sur le timon[3], sur le nez du Cocher ;
      Aussitôt que le char chemine,
      Et qu'elle voit les gens marcher,
Elle s'en attribue uniquement la gloire ;
Va, vient, fait l'empressée ; il semble que ce soit
Un Sergent de bataille allant en chaque endroit
Faire avancer ses gens, et hâter la victoire.
      La Mouche en ce commun besoin
Se plaint qu'elle agit seule, et qu'elle a tout le soin,
Qu'aucun n'aide aux chevaux à se tirer d'affaire.
      Le moine disait son Bréviaire[4] :
Il prenait bien son temps ! une femme chantait :
C'était bien de chansons qu'alors il s'agissait !
Dame mouche s'en va chanter à leurs oreilles,
      Et fait cent sottises pareilles.
Après bien du travail le coche arrive au haut.
Respirons maintenant, dit la mouche aussitôt :

---

1. Grande voiture couverte, tirée par des chevaux et conduite par un cocher, reliant une ville à une autre.
2. Épuisé.
3. Longue pièce de bois à laquelle sont attelés les chevaux.
4. Livre de prières.

Livre septième

J'ai tant fait que nos gens sont enfin dans la plaine[5].
Çà, Messieurs les Chevaux, payez-moi de ma peine.
Ainsi certaines gens, faisant les empressés,
    S'introduisent dans les affaires.
    Ils font partout les nécessaires,
Et, partout importuns[6] devraient être chassés.

X

La Laitière et le Pot au lait

Perrette, sur sa tête ayant un pot au lait
    Bien posé sur un coussinet,
Prétendait arriver sans encombre à la ville.
Légère et court vêtue, elle allait à grands pas,
Ayant mis ce jour-là, pour être plus agile,
    Cotillon[1] simple et souliers plats.
    Notre Laitière ainsi troussée[2]
    Comptait déjà dans sa pensée
Tout le prix de son lait ; en employant l'argent,
Achetait un cent[3] d'œufs, faisait triple couvée ;
La chose allait à bien par son soin diligent[4].
    « Il m'est, disait-elle, facile
D'élever des poulets autour de ma maison :
    Le renard sera bien habile,
S'il ne m'en laisse assez pour avoir un cochon.
Le porc à s'engraisser coûtera peu de son ;
Il était, quand je l'eus, de grosseur raisonnable ;
J'aurai, le revendant, de l'argent bel et bon.
Et qui m'empêchera de mettre en notre étable,

---

5. Sur un terrain plat.
6. Gênants.
Fable X – 1. Jupon léger porté par les paysannes.
2. Vêtue.
3. Une centaine.
4. Appliqué, attentif.

Livre septième

20 Vu le prix dont il est, une vache et son veau,
Que je verrai sauter au milieu du troupeau ? »
Perrette là-dessus saute aussi, transportée.
Le lait tombe : adieu veau, vache, cochon, couvée.
La dame de ces biens, quittant d'un œil marri[5]
      Sa fortune ainsi répandue,
      Va s'excuser à son mari,
      En grand danger d'être battue.
      Le récit en farce[6] en fut fait :
      On l'appela *le Pot au lait*.

30   Quel esprit ne bat la campagne[7] ?
      Qui ne fait châteaux en Espagne ?
Picrochole[8], Pyrrhus[9], la Laitière, enfin tous,
      Autant les sages que les fous ?
Chacun songe en veillant ; il n'est rien de plus doux ;
Une flatteuse erreur emporte alors nos âmes :
      Tout le bien du monde est à nous,
      Tous les honneurs, toutes les femmes.
Quand je suis seul, je fais au plus brave un défi :
Je m'écarte, je vais détrôner le sophi[10] ;
40   On m'élit roi, mon peuple m'aime ;
Les diadèmes vont sur ma tête pleuvant.
Quelque accident fait-il que je rentre en moi-même,
      Je suis Gros-Jean[11] comme devant[12].

---

5. Désolé.
6. Petite comédie.
7. Au sens figuré : divague.
8. Personnage qui rêve de conquêtes dans le roman de Rabelais *Gargantua*.
9. Ambitieux roi grec du IIIe siècle avant J.-C. qui conquit la Macédoine avant d'échouer face aux Romains.
10. Roi des Perses.
11. L'expression « Gros-Jean », qui désigne un stupide et grossier personnage, permet à La Fontaine un jeu de mots sur son nom.
12. Avant.

Livre septième

« La Laitière et Le Pot au lait », illustration de Gustave Doré, 1868.

Explication de texte 1

« La Laitière et le pot au lait »
→ p. 32 à 33

Faut-il condamner l'imagination ?

SITUER

1. Comment cette fable est-elle composée ? Délimitez-en les mouvements et donnez un titre à chaque partie.
2. Qui sont les deux personnages de la fable ?

EXPLIQUER

Perrette et le pot au lait → vers 1 à 29

3. Vers 1 à 6, comment Perrette est-elle décrite ? Peut-on déceler des signes précurseurs de sa mésaventure ?
4. Vers 7 à 22, quels sont les différents procédés mis en œuvre par La Fontaine pour rapporter les pensées de Perrette ?
5. Vers 22 à 28, quels sont les mètres employés dans le dénouement du récit ? Quel est l'effet produit ?
6. Vers 1 à 29, quelle moralité peut-on déduire du récit ?

Le fabuliste et le plaisir de la rêverie → vers 30 à 42

7. Vers 30 à 43. Reformulez le discours du fabuliste. Correspond-il à la moralité que vous aviez énoncée à la question 6 ?
8. Le fabuliste condamne-t-il Perrette ? Répondez par une analyse précise des vers 30 à 43.

CONCLURE

9. Quelles sont les leçons de cette fable ?
10. Quel est le rôle de l'imagination pour le fabuliste ?

📖 ÉTUDE DE LA LANGUE

Analysez les constituants de la phrase dans les vers suivants.
« Légère et court vêtue, elle allait à grand pas,
Ayant mis ce jour-là, pour être plus agile,
Cotillon simple et souliers plats. »

⭐ LIRE

Lisez la fable X p. 36, « Le Curé et le Mort ». Qu'a-t-elle de commun avec « La Laitière et le Pot au lait » ?

XI
Le Curé et le Mort

Un mort s'en allait tristement
S'emparer de son dernier gîte ;
Un Curé s'en allait gaiement
Enterrer ce mort au plus vite.
Notre défunt était en carrosse porté,
Bien et dûment empaqueté
Et vêtu d'une robe, hélas ! qu'on nomme bière[1],
Robe d'hiver, robe d'été,
Que les morts ne dépouillent guère.
Le Pasteur était à côté ;
Et récitait, à l'ordinaire,
Maintes dévotes oraisons,
Et des psaumes et des leçons,
Et des versets et des répons[2] :
« Monsieur le Mort, laissez-nous faire,
On vous en donnera de toutes les façons ;
Il ne s'agit que[3] du salaire. »
Messire Jean Chouart[4] couvait des yeux son mort,
Comme si l'on eût dû lui ravir ce trésor,
Et des regards semblait lui dire :
« Monsieur le mort, j'aurai de vous
Tant en argent, et tant en cire[5],
Et tant en autres menus coûts. »
Il fondait là-dessus l'achat d'une feuillette[6]
Du meilleur vin des environs ;

---

1. Cercueil.
2. Prières et chants religieux.
3. Ce qui importe, c'est.
4. Ici, c'est le nom du prêtre, mais dans *Pantagruel*, le roman de Rabelais, ce nom désigne une braguette ou un pénis.
5. En cierges.
6. Tonneau de plus de cent litres.

Certaine nièce assez propette[7]
Et sa chambrière[8] Pâquette
Devaient avoir des cotillons[9].
Sur cette agréable pensée
Un heurt survient : adieu le char.
Voilà messire Jean Chouart
Qui du choc de son mort a la tête cassée :
Le paroissien en plomb[10] entraîne son pasteur,
Notre curé suit son seigneur ;
Tous deux s'en vont de compagnie.
Proprement toute notre vie
Est le curé Chouart qui sur son mort comptait,
Et la fable du *Pot au lait*.

XII

L'Homme qui court après la Fortune et l'Homme qui l'attend dans son lit

Qui ne court après la Fortune[1] ?
Je voudrais être en lieu d'où je pusse aisément
Contempler la foule importune
De ceux qui cherchent vainement
Cette fille du Sort, de royaume en royaume,
Fidèles courtisans d'un volage[2] fantôme.
Quand ils sont près du bon moment,
L'inconstante aussitôt à leurs désirs échappe ;
Pauvres gens ! Je les plains ; car on a pour les fous

---

7. Autre version du mot « proprette ».
8. Femme de chambre
9. Des jupes légères.
10. Dans un cercueil de plomb.
Fable XII – 1. Déesse du hasard ou de la chance, qu'on représente parfois les yeux bandés.
2. Qui ne se fixe pas longtemps.

Livre septième

10   Plus de pitié que de courroux[3].
« Cet homme, disent-ils, était planteur de choux,
        Et le voilà devenu pape :
Ne le valons-nous pas ? » Vous valez cent fois mieux :
            Mais que vous sert votre mérite ?
            La Fortune a-t-elle des yeux ?
Et puis la papauté vaut-elle ce qu'on quitte,
Le repos, le repos, trésor si précieux
Qu'on en faisait jadis le partage des Dieux ?
Rarement la Fortune à ses hôtes le laisse.
20   Ne cherchez point cette Déesse,
Elle vous cherchera : son sexe en use ainsi[4].

Certain couple d'amis, en un bourg établi,
Possédait quelque bien : l'un soupirait sans cesse
        Pour la Fortune ; il dit à l'autre un jour :
            « Si nous quittions notre séjour ?
            Vous savez que nul n'est prophète
En son pays[5]. Cherchons notre aventure ailleurs.
– Cherchez, dit l'autre ami ; pour moi je ne souhaite
            Ni climats ni destins meilleurs.
30 Contentez-vous ; suivez votre humeur inquiète[6] :
Vous reviendrez bientôt. Je fais vœu cependant
           De dormir en vous attendant. »
      L'ambitieux, ou, si l'on veut, l'avare[7],
           S'en va par voie et par chemin.
            Il arriva le lendemain
En un lieu que devait la Déesse bizarre
Fréquenter sur tout autre ; et ce lieu, c'est la cour.

---

3. Colère.
4. C'est ainsi qu'agissent les femmes.
5. Proverbe qui apparaît dans l'évangile selon Saint-Luc (IV, 24) et qui signifie que l'on est parfois mieux apprécié à l'étranger que chez soi.
6. Toujours en mouvement.
7. Qui veut amasser toujours plus de richesses.

Une peinture de la cour

La vie des courtisans à Versailles est orchestrée par des règles précises. Elle commence avec le « petit lever » du roi, à 8h30, où sont conviés les nobles les mieux nés, et se termine par le « coucher » à 23h30. Le roi aime que les courtisans se pressent pour l'admirer, jusque dans son lit !

Livre septième

Là donc pour quelque temps il fixe son séjour,
Se trouvant au coucher, au lever, à ces heures
    Que l'on sait être les meilleures ;
Bref, se trouvant à tout, et n'arrivant à rien.
« Qu'est ceci ? se dit-il, cherchons ailleurs du bien.
La Fortune pourtant habite ces demeures.
Je la vois tous les jours entrer chez celui-ci,
    Chez celui-là : d'où vient qu'aussi
Je ne puis héberger cette capricieuse ?
On me l'avait bien dit, que des gens de ce lieu
L'on n'aime pas toujours l'humeur ambitieuse.
Adieu, Messieurs de cour ; Messieurs de cour, adieu.
Suivez jusqu'au bout une ombre qui vous flatte.
La Fortune a, dit-on, des temples à Surate[8] ;
Allons là. » Ce fut un[9] de dire et s'embarquer.
Âmes de bronze, humains, celui-là fut sans doute
Armé de diamant, qui tenta cette route,
Et le premier osa l'abîme[10] défier.
    Celui-ci, pendant son voyage,
    Tourna les yeux vers son village
    Plus d'une fois, essuyant les dangers
Des pirates, des vents, du calme, et des rochers,
Ministres de la Mort : avec beaucoup de peines,
On s'en va la chercher en des rives lointaines,
La trouvant assez tôt sans quitter la maison.
L'homme arrive au Mogol[11] ; on lui dit qu'au Japon
La Fortune pour lors distribuait ses grâces :
    Il y court. Les mers étaient lasses
    De le porter ; et tout le fruit
    Qu'il tira de ses longs voyages,
Ce fut cette leçon que donnent les sauvages :
« Demeure en ton pays, par la nature instruit. »

---

8. Port d'Inde où Colbert a installé un comptoir français de la Compagnie des Indes orientales (1667).
9. Dans un même temps, sans attendre.
10. Les profondeurs de la mer.
11. Vaste empire fondé au XVIᵉ siècle en Inde.

Livre septième

70 Le Japon ne fut pas plus heureux à cet homme
        Que le Mogol l'avait été ;
        Ce qui lui fit conclure en somme
Qu'il avait à grand tort son village quitté.
        Il renonce aux courses ingrates,
Revient en son pays, voit de loin ses pénates[12],
Pleure de joie, et dit : « Heureux qui vit chez soi,
De régler ses désirs faisant tout son emploi[13].
        Il ne sait que par ouïr dire
Ce que c'est que la cour, la mer, et ton empire,
80 Fortune, qui nous fais passer devant les yeux
Des dignités, des biens que jusqu'au bout du monde
On suit, sans que l'effet aux promesses réponde.
Désormais je ne bouge, et ferai cent fois mieux. »
        En raisonnant de cette sorte,
Et contre la Fortune ayant pris ce conseil,
        Il la trouve assise à la porte
De son ami plongé dans un profond sommeil.

XIII

Les deux Coqs

Deux Coqs vivaient en paix ; une Poule survint,
        Et voilà la guerre allumée.
Amour, tu perdis Troie ; et c'est de toi que vint
        Cette querelle envenimée
Où du sang des Dieux même on vit le Xanthe[1] teint.
Longtemps entre nos Coqs le combat se maintint.
Le bruit s'en répandit par tout le voisinage.

---

12. Sa maison.
13. Se consacrant entièrement à.
Fable XIII – 1. Fleuve côtier de la région de Troie, nommé Scamandre par les humains, et Xanthe par les dieux. Xanthe est aussi le nom donné au dieu fleuve qui le personnifie.

La guerre de Troie

Ce conflit légendaire, raconté par Homère dans l'*Iliade* et l'*Odyssée*, opposa Troie aux cités grecques. C'est l'enlèvement d'Hélène, femme du roi Ménélas, par le prince troyen Pâris, qui déclencha les hostilités.

La gent qui porte crête au spectacle accourut.
        Plus d'une Hélène au beau plumage
Fut le prix du vainqueur ; le vaincu disparut.
Il alla se cacher au fond de sa retraite[2],
        Pleura sa gloire et ses amours,
Ses amours, qu'un rival, tout fier de sa défaite,
Possédait à ses yeux. Il voyait tous les jours
Cet objet rallumer sa haine et son courage.
Il aiguisait son bec, battait l'air et ses flancs,
        Et, s'exerçant contre les vents,
        S'armait d'une jalouse rage.
Il n'en eut pas besoin. Son vainqueur sur les toits
        S'alla percher, et chanter sa victoire.
        Un Vautour entendit sa voix :
        Adieu les amours et la gloire.
Tout cet orgueil périt sous l'ongle du Vautour.
        Enfin, par un fatal retour,
        Son rival autour de la Poule
        S'en revint faire le coquet :
        Je laisse à penser quel caquet[3],
        Car il eut des femmes en foule.

La Fortune se plaît à faire de ces coups ;
Tout vainqueur insolent à sa perte travaille.
Défions-nous[4] du sort, et prenons garde à nous
        Après le gain d'une bataille.

---

2. Lieu où l'on retire pour échapper à la vie sociale.
3. Gloussement de la poule.
4. Méfions-nous.

Explication de texte 2

« Les deux Coqs »,
→ p. 40 à 41

Les héros existent-ils vraiment ?

SITUER

1. Quelles références à l'Histoire et aux légendes de l'Antiquité cette fable contient-elle ?
2. Sous quels traits les personnages de la fable sont-ils représentés ?

EXPLIQUER

Une guerre dans la basse-cour → v. 1 à 10

3. Quel effet produit le raccourcissement du mètre au vers 2 ?
4. Vers. 1 à 7, quel champ lexical domine ? de quel type de récit ce passage est-il une parodie ?

Un amant malheureux → v. 11 à 18

5. Quels sentiments agitent le coq vaincu ?
6. Vers 16 à 18, quel regard le fabuliste porte-t-il sur ce personnage ?

Coup de théâtre → v. 19 à 28

7. En quoi peut-on qualifier le dénouement de coup de théâtre ?
8. Vers 23, à quelles figures de style La Fontaine a-t-il recours pour dire la mort du coq ? Quels effets cela produit-il ?
9. Vers 27-28 : comment les femmes sont-elles représentées ?

CONCLURE

10. Un des coqs peut-il être qualifié de héros ? Pourquoi ?

📖 ÉTUDE DE LA LANGUE

« [Il]   Pleura sa gloire et ses amours
Ses amours, qu'un rival, tout fier de sa défaite,
    Possédait à ses yeux. »

Analysez les compléments du verbe « pleura ».

⭐ ORAL

Entraînez-vous à lire les passages de cette fable dans lesquels l'auteur imite les caquètements de la basse-cour grâce aux allitérations en [k] : vers 5, 26 et 27.

Livre septième

XIV

L'Ingratitude et l'Injustice des hommes envers la Fortune

Un trafiquant[1] sur mer, par bonheur, s'enrichit.
Il triompha des vents pendant plus d'un voyage ;
Gouffre, banc, ni rocher, n'exigea de péage
D'aucun de ses ballots ; le Sort l'en affranchit.
Sur tous ses compagnons Atropos et Neptune[2]
Recueillirent leur droit, tandis que la Fortune
Prenait soin d'amener son marchand à bon port.
Facteurs[3], associés, chacun lui fut fidèle,
Il vendit son tabac, son sucre, sa cannelle
10   Ce qu'il voulut, sa porcelaine encore.
Le luxe et la folie enflèrent son trésor ;
       Bref, il plut dans son escarcelle[4].
On ne parlait chez lui que par doubles ducats[5] ;
Et mon homme d'avoir chiens, chevaux et carrosses.
       Ses jours de jeûne étaient des noces.
Un sien ami, voyant ces somptueux repas,
Lui dit : « Et d'où vient donc un si bon ordinaire[6] ?
– Et d'où me viendrait-il que[7] de mon savoir-faire ?
Je n'en dois rien qu'à moi, qu'à mes soins, qu'au talent
20 De risquer à propos, et bien placer l'argent. »
Le profit lui semblant une fort douce chose,
Il risqua de nouveau le gain qu'il avait fait ;
Mais rien, pour cette fois, ne lui vint à souhait[8].

---

1. Qui fait du trafic, c'est-à-dire du commerce.
2. Dieu de la mer chez les Romains.
3. Ceux qui sont chargés de vendre des marchandises.
4. Bourse.
5. Pièces d'or.
6. Repas quotidien.
7. Si ce n'est.
8. Comme il le souhaitait.

> **Les Parques, Clotho, Lachési et Atropos**
>
> Les Parques, au nombre de trois, sont les divinités présidant à la destinée humaine : Clotho fabrique et tient le fil du destin, Lachési déroule le fil et le met sur le fuseau, et Atropos coupe le fil, décidant ainsi de la mort de chaque humain.

Livre septième

    Son imprudence en fut la cause :
Un vaisseau mal frété[9] périt au premier vent ;
Un autre, mal pourvu des armes nécessaires
    Fut enlevé par les corsaires ;
    Un troisième au port arrivant,
Rien n'eut cours ni débit[10] : le luxe et la folie
30   N'étaient plus tels qu'auparavant.
    Enfin ses facteurs le trompant,
Et lui-même ayant fait grand fracas[11], chère lie[12],
Mis beaucoup en plaisirs, en bâtiments beaucoup,
    Il devint pauvre tout d'un coup.
Son ami, le voyant en mauvais équipage[13],
Lui dit : « D'où vient cela ? – De la Fortune, hélas !
– Consolez-vous, dit l'autre, et, s'il ne lui plaît pas
Que vous soyez heureux, tout au moins soyez sage. »

    Je ne sais s'il crut ce conseil ;
40 Mais je sais que chacun impute[14], en cas pareil
    Son bonheur à son industrie[15],
Et, si de quelque échec notre faute est suivie,
    Nous disons injures au Sort.
    Chose n'est ici plus commune.
Le bien, nous le faisons ; le mal, c'est la Fortune ;
On a toujours raison, le Destin toujours tort.

---

9. Équipé.
10. Rien n'a de valeur et rien ne se vend.
11. Ayant vécu de manière ostentatoire, en se faisant remarquer par ses dépenses.
12. Festins exceptionnels.
13. Dans une situation périlleuse, dépourvu de tout.
14. Attribue.
15. Ingéniosité.

XV
Les Devineresses[1]

C'est souvent du hasard que naît l'opinion,
Et c'est l'opinion qui fait toujours la vogue.
      Je pourrais fonder ce prologue
Sur gens de tous états ; tout est prévention[2],
Cabale[3], entêtement[4] ; point ou peu de justice :
C'est un torrent ; qu'y faire ? Il faut qu'il ait son cours :
      Cela fut et sera toujours.
Une femme, à Paris, faisait la pythonisse[5].
On l'allait consulter sur chaque événement :
Perdait-on un chiffon, avait-on un amant,
Un mari vivant[6] trop, au gré de son épouse,
Une mère fâcheuse, une femme jalouse,
      Chez la Devineuse on courait,
Pour se faire annoncer ce que l'on désirait.
      Son fait consistait en adresse ;
Quelques termes de l'art[7], beaucoup de hardiesse,
Du hasard quelquefois, tout cela concourait :
Tout cela bien souvent faisait crier miracle.
Enfin, quoique ignorante à vingt et trois carats[8],
      Elle passait pour un oracle.
L'oracle était logé dedans un galetas[9].
      Là, cette femme emplit sa bourse,
      Et, sans avoir d'autre ressource,
Gagne de quoi donner un rang à son mari.
Elle achète un office, une maison aussi.
D'une nouvelle hôtesse, à qui toute la ville,
Femmes, filles, valets, gros Messieurs, tout enfin,

---

1. Diseuses de bonne aventure.
2. Préjugés.
3. Complots.
4. Passion pour quelque chose.
5. Voyante qui prend le nom d'une prêtresse du dieu Apollon, également appelée la Pythie.
6. Dépensant.
7. Ici, l'astrologie.
8. Au plus haut point.
9. Grenier misérable.

Livre septième

Allait, comme autrefois, demander son destin :
Le galetas devint l'antre de la Sibylle[10].
30 L'autre femelle avait achalandé[11] ce lieu.
Cette femme eut beau faire, eut beau dire :
« Moi devine ! on se moque. Eh ! Messieurs, sais-je lire ?
Je n'ai jamais appris que ma croix[12] de par Dieu. »
Point de raison : fallut deviner et prédire,
      Mettre à part force bons ducats[13],
Et gagner malgré soi plus que deux avocats.
Le meuble et l'équipage[14] aidaient fort à la chose :
Quatre sièges boiteux, un manche de balai ;
Tout sentait son sabbat[15] et sa métamorphose.
40   Quand cette femme aurait dit vrai
      Dans une chambre tapissée,
On s'en serait moqué : la vogue était passée
      Au galetas ; il avait le crédit.
      L'autre femme se morfondit[16].

      L'enseigne fait la chalandise[17].
J'ai vu dans le Palais une robe[18] mal mise
      Gagner gros : les gens l'avaient prise
      Pour maître tel, qui traînait après soi
      Force écoutants. Demandez-moi pourquoi.

---

10. Prêtresses d'Apollon, qui prédisaient l'avenir. La sibylle parle en son nom propre, tandis que la Pythie est la porte-parole du dieu.
11. Pourvu de nombreux clients.
12. Alphabet (abécédaires dont la couverture est ornée d'une croix).
13. Le ducat est une monnaie d'or : de l'argent en quantité.
14. Le mobilier et les accessoires.
15. Assemblée de sorciers.
16. Passa son temps à attendre en vain.
17. Clientèle.
18. La robe d'avocat, qui par métonymie désigne l'avocat lui-même.

> **Avoir un office**
>
> Sous l'Ancien Régime, le roi délègue une partie de son pouvoir à un officier qui doit exécuter un service administratif. On peut hériter d'un office ou en acheter.

XVI

Le Chat, la Belette et le petit Lapin

        Du palais d'un jeune Lapin
        Dame Belette, un beau matin,
        S'empara : c'est une rusée.
Le maître étant absent, ce lui fut chose aisée.
Elle porta chez lui ses pénates[1], un jour
Qu'il était allé faire à l'Aurore sa cour
        Parmi le thym et la rosée.
Après qu'il eut brouté, trotté, fait tous ses tours,
Jeannot Lapin retourne aux souterrains séjours.
La Belette avait mis le nez à la fenêtre.
« Ô Dieux hospitaliers ! que vois-je ici paraître ?
Dit l'animal chassé du paternel logis.
        Holà ! Madame la Belette,
        Que l'on déloge sans trompette[2],
Ou je vais avertir tous les Rats du pays. »
La dame au nez pointu répondit que la terre
        Était au premier occupant.
        C'était un beau sujet de guerre,
Qu'un logis où lui-même il n'entrait qu'en rampant !
        « Et quand ce serait un royaume,
Je voudrais bien savoir, dit-elle, quelle loi
        En a pour toujours fait l'octroi[3]
À Jean, fils ou neveu de Pierre ou de Guillaume,
        Plutôt qu'à Paul, plutôt qu'à moi. »
Jean Lapin allégua[4] la coutume et l'usage.
« Ce sont, dit-il, leurs lois qui m'ont de ce logis
Rendu maître et seigneur, et qui, de père en fils,
L'ont de Pierre à Simon, puis à moi Jean, transmis.

---

[1]. Elle s'installa chez lui.
[2]. Sans protester.
[3]. L'a attribué.
[4]. Mit en avant, argumenta.

Livre septième

        Le premier occupant, est-ce une loi plus sage ?
30   – Or bien, sans crier davantage,
Rapportons-nous[5], dit-elle, à Raminagrobis[6]. »
C'était un Chat vivant comme un dévot ermite[7],
        Un Chat faisant la chattemite[8],
Un saint homme de Chat, bien fourré, gros et gras,
        Arbitre expert sur tous les cas.
        Jean Lapin pour juge l'agrée.
        Les voilà tous deux arrivés
        Devant Sa Majesté fourrée.
Grippeminaud[9] leur dit : « Mes enfants, approchez,
40 Approchez, je suis sourd, les ans en sont la cause. »
L'un et l'autre approcha, ne craignant nulle chose.
Aussitôt qu'à portée il vit les contestants[10],
        Grippeminaud, le bon apôtre,
Jetant des deux côtés la griffe en même temps,
Mit les plaideurs d'accord en croquant l'un et l'autre.

Ceci ressemble fort aux débats qu'ont parfois
Les petits souverains se rapportant aux rois[11].

XVII

La Tête et la Queue du Serpent

        Le serpent a deux parties
        Du genre humain ennemies,
        Tête et Queue ; et toutes deux
        Ont acquis un nom[1] fameux

---

5. Remettons-nous en à.
6. Nom d'un vieux poète dans le roman de Rabelais *Pantagruel*.
7. Un religieux (dévot) retiré du monde (ermite).
8. Hypocrite.
9. Dans le *Cinquième Livre* de Rabelais, Gripeminaud est un juge corrompu, reconnaissable à sa robe fourrée.
10. Ceux qui plaident en justice.
11. Lorsqu'ils demandent le jugement du roi.
Fable XVII – 1. Réputation.

Livre septième

Auprès des Parques[2] cruelles ;
Si bien qu'autrefois entre elles
Il survint de grands débats
Pour le pas[3].
La Tête avait toujours marché devant la Queue.
La Queue au Ciel se plaignit,
Et lui dit :
« Je fais mainte et mainte lieue[4],
Comme il plaît à celle-ci.
Croit-elle que toujours j'en veuille user ainsi ?
Je suis son humble servante[5].
On m'a faite, Dieu merci,
Sa sœur et non sa suivante[6].
Toutes deux de même sang,
Traitez-nous de même sorte :
Aussi bien qu'elle je porte
Un poison prompt et puissant.
Enfin, voilà ma requête :
C'est à vous de commander
Qu'on me laisse précéder
À mon tour ma sœur la Tête.
Je la conduirai si bien
Qu'on ne se plaindra de rien. »
Le Ciel eut pour ses vœux une bonté cruelle.
Souvent sa complaisance a de méchants effets.
Il devrait être sourd aux aveugles souhaits.
Il ne le fut pas lors ; et la guide nouvelle,
Qui ne voyait, au grand jour
Pas plus clair que dans un four,
Donnait tantôt contre un marbre,

---

2. Divinités qui décident du destin des hommes. Voir p. 43.
3. Le droit de marcher la première.
4. Mesure qui correspond à environ 4 kilomètres.
5. Formule de politesse ironique qui signifie « je m'y refuse ».
6. Domestique.

Contre un passant, contre un arbre.
Droit aux ondes du Styx[7] elle mena sa sœur.

Malheureux les États tombés dans son erreur !

XVIII

Un Animal dans la Lune

Pendant qu'un philosophe assure,
Que toujours par leurs sens les hommes sont dupés,
Un autre philosophe jure
Qu'ils ne nous ont jamais trompés.
Tous les deux ont raison ; et la philosophie
Dit vrai, quand elle dit que les sens tromperont,
Tant que sur leur rapport les hommes jugeront ;
Mais aussi si l'on rectifie
L'image de l'objet sur[1] son éloignement,
Sur le milieu qui l'environne,
Sur l'organe et sur l'instrument,
Les sens ne tromperont personne.
La nature ordonna ces choses sagement :
J'en dirai quelque jour les raisons amplement.
J'aperçois le soleil : quelle en est la figure[2] ?
Ici-bas ce grand corps n'a que trois pieds[3] de tour ;
Mais si je le voyais là-haut dans son séjour,
Que serait-ce à mes yeux que l'œil de la nature[4] ?

---

7. Fleuve des Enfers.
Fable XVIII – 1. D'après.
2. Forme.
3. Ancienne unité de mesure, équivalent à environ 32 centimètres.
4. Périphrase désignant le soleil.

Deux philosophes célèbres

On peut reconnaître dans les deux philosophes cités au début de la fable René Descartes (1596-1650) et Pierre Gassendi (1592-1655). Le premier met en avant le caractère trompeur des sens, tandis que l'autre en fait un fondement du savoir. Voir le dossier, p. 201 à 203.

Sa distance me fait juger de sa grandeur ;
20 Sur l'angle et les côtés[5] ma main la détermine.
L'ignorant le croit plat, j'épaissis sa rondeur ;
Je le rends immobile, et la terre chemine[6].
Bref, je démens mes yeux en toute sa machine[7] :
Ce sens ne me nuit point par son illusion.
     Mon âme en toute occasion
Développe le vrai caché sous l'apparence.
     Je ne suis point d'intelligence[8]
Avecque mes regards, peut-être un peu trop prompts,
Ni mon oreille, lente à m'apporter les sons.
30 Quand l'eau courbe un bâton, ma raison le redresse :
     La raison décide en maîtresse.
     Mes yeux, moyennant ce secours,
Ne me trompent jamais en me mentant toujours.
Si je crois leur rapport, erreur assez commune,
Une tête de femme est au[9] corps de la lune.
Y peut-elle être ? Non. D'où vient donc cet objet ?
Quelques lieux inégaux font de loin cet effet.
La lune nulle part n'a sa surface unie :
Montueuse[10] en des lieux, en d'autres aplanie,
40 L'ombre avec la lumière y peut tracer souvent,
     Un homme, un bœuf, un éléphant.
Naguère l'Angleterre y vit chose pareille,
La lunette placée, un animal nouveau
     Parut dans cet astre si beau ;
     Et chacun de crier merveille :
Il était arrivé là-haut un changement

---

5. Allusion à une méthode de mesure reposant sur la trigonométrie, prônée par Gassendi.
6. Se déplace, ce qui a été mis en évidence par Copernic (1473-1543).
7. Fonctionnement (du soleil).
8. Je ne suis pas d'accord.
9. Dans le.
10. Au relief inégal.

> **Le philosophe et les illusions d'optique**
>
> Descartes prend pour exemple d'illusion d'optique le cas d'un bâton que l'on plonge dans l'eau. La personne qui le tient sait qu'il est droit, mais en raison de la diffraction de la lumière, il semble courbé ou brisé.

Livre septième

Qui présageait sans doute un grand événement.
Savait-on si la guerre[11] entre tant de puissances
N'en était point l'effet ? Le Monarque[12] accourut :
50   Il favorise en roi ces hautes connaissances.
Le monstre dans la lune à son tour lui parut.
C'était une souris cachée entre les verres :
Dans la lunette était la source de ces guerres.
On en rit. Peuple heureux, quand pourront les François
Se donner comme vous entiers à ces emplois ?
Mars[13] nous fait recueillir d'amples moissons de gloire :
C'est à nos ennemis de craindre les combats,
À nous de les chercher, certains que la Victoire,
Amante de Louis[14], suivra partout ses pas.
60   Ses lauriers nous rendront célèbres dans l'histoire.
        Même les Filles de Mémoire[15]
Ne nous ont point quittés ; nous goûtons des plaisirs ;
La paix fait nos souhaits, et non pas nos soupirs.
Charles en sait jouir. Il saurait dans la guerre
Signaler sa valeur, et mener l'Angleterre
À ces jeux qu'en repos elle voit aujourd'hui.
Cependant, s'il pouvait apaiser la querelle,
Que d'encens[16] ! est-il rien de plus digne de lui ?
La carrière d'Auguste[17] a-t-elle été moins belle
70   Que les fameux exploits du premier des Césars ?
Ô peuple trop heureux, quand la paix viendra-t-elle
Nous rendre, comme vous, tout entiers aux beaux-arts ?

---

11. La guerre de Hollande (1672-1678) oppose d'abord la France et l'Angleterre aux Provinces-Unies, au Saint-Empire romain germanique et à l'Espagne. L'Angleterre signe une paix séparée avec les Provinces-Unies en 1674.
12. Charles II (1630-1685), roi d'Angleterre et fondateur de la Royal Society.
13. Dieu romain de la guerre.
14. Louis XIV.
15. Les Filles de Mémoire désigne les Muses, voir note 4 p. 15.
16. Au sens figuré : louanges.
17. Empereur romain (63 avant J.-C.- 14 après J.-C.) qui a favorisé les arts, au contraire du « premier des Césars », Jules César (100-44 avant J.-C.), qui s'est illustré par des conquêtes.

LIVRE HUITIÈME

I
La Mort et le Mourant

La Mort ne surprend point le sage :
Il est toujours prêt à partir,
S'étant su lui-même avertir
Du temps où l'on se doit résoudre à ce passage.
Ce temps, hélas ! embrasse tous les temps :
Qu'on le partage en jours, en heures, en moments,
Il n'en est point qu'il ne comprenne[1]
Dans le fatal tribut[2] ; tous sont de son domaine ;
Et le premier instant où les enfants des rois
Ouvrent les yeux à la lumière,
Est celui qui vient quelquefois
Fermer pour toujours leur paupière.
Défendez-vous par la grandeur,
Alléguez[3] la beauté, la vertu, la jeunesse,
La Mort ravit tout sans pudeur.
Un jour le monde entier accroîtra sa richesse.
Il n'est rien de moins ignoré,
Et puisqu'il faut que je le die[4],
Rien où l'on soit moins préparé.

Un mourant, qui comptait plus de cent ans de vie,
Se plaignait à la Mort que précipitamment
Elle le contraignait de partir tout à l'heure,
Sans qu'il eût fait son testament,
Sans l'avertir au moins. « Est-il juste qu'on meure

---

[1]. Le pronom « il » reprend le nom « temps » : ce temps de la mort est présent à chaque instant, la mort peut survenir à tout moment.
[2]. La mort, au XVIIe siècle, est souvent désignée par un tribut (une dette) que l'on doit à la nature.
[3]. Prétextez, mettez en avant.
[4]. Dise.

Livre huitième

Au pied levé[5] ? dit-il ; attendez quelque peu ;
Ma femme ne veut pas que je parte sans elle ;
Il me reste à pourvoir[6] un arrière-neveu[7] ;
Souffrez qu'à mon logis j'ajoute encore une aile.
Que vous êtes pressante, ô Déesse cruelle !
– Vieillard, lui dit la mort, je ne t'ai point surpris.
Tu te plains sans raison de mon impatience :
Eh ! n'as-tu pas cent ans ? Trouve-moi dans Paris
Deux mortels aussi vieux, trouve-m'en dix en France.
Je devais, ce dis-tu, te donner quelque avis
      Qui te disposât à la chose :
   J'aurais trouvé ton testament tout fait,
Ton petit-fils pourvu, ton bâtiment parfait.
Ne te donna-t-on pas des avis, quand la cause
      Du marcher et du mouvement,
      Quand les esprits, le sentiment,
Quand tout faillit[8] en toi ? Plus de goût, plus d'ouïe ;
Toute chose pour toi semble être évanouie ;
Pour toi l'astre du jour prend des soins superflus :
Tu regrettes des biens qui ne te touchent plus.
      Je t'ai fait voir tes camarades,
      Ou morts, ou mourants, ou malades ;
Qu'est-ce que tout cela, qu'un avertissement ?
      Allons, vieillard, et sans réplique.
      Il n'importe à la République[9]
      Que tu fasses ton testament. »
La Mort avait raison : je voudrais qu'à cet âge
On sortît de la vie ainsi que d'un banquet,
Remerciant son hôte ; et qu'on fît son paquet :
Car de combien peut-on retarder le voyage ?
Tu murmures, vieillard ; vois ces jeunes mourir,
      Vois-les marcher, vois-les courir

---

5. Sans préparation.
6. Donner la somme nécessaire pour commencer dans la vie.
7. Fils d'un neveu ou d'une nièce.

8. Commence à manquer.
9. Le mot désigne toute espèce de gouvernement, y compris dans un royaume.

À des morts, il est vrai, glorieuses et belles,
Mais sûres cependant, et quelquefois cruelles.
J'ai beau te le crier ; mon zèle est indiscret[10] :
Le plus semblable aux morts meurt le plus à regret.

II

Le Savetier et le Financier

Un Savetier[1] chantait du matin jusqu'au soir :
    C'était merveilles de le voir,
Merveilles de l'ouïr ; il faisait des passages[2],
    Plus content qu'aucun des sept sages[3].
Son voisin au contraire, étant tout cousu d'or,
    Chantait peu, dormait moins encore.
    C'était un homme de finance.
Si sur le point du jour parfois il sommeillait,
Le Savetier alors en chantant l'éveillait ;
    Et le Financier se plaignait,
    Que les soins de la Providence
N'eussent pas au marché fait vendre le dormir,
    Comme le manger et le boire.
    En son hôtel[4] il fait venir
Le chanteur, et lui dit : « Or çà, Sire Grégoire,
Que gagnez-vous par an ? – Par an ? ma foi, Monsieur,
    Dit avec un ton de rieur,
Le gaillard Savetier, ce n'est point ma manière
De compter de la sorte ; et je n'entasse guère
    Un jour sur l'autre : il suffit qu'à la fin
    J'attrape le bout de l'année.
    Chaque jour amène son pain.

---

10. Qui vient au mauvais moment.
Fable II – 1. Cordonnier.
2. Vocalises improvisées.
3. Sept hommes politiques ou philosophes traditionnellement considérés comme sages dans la Grèce antique.
4. Hôtel particulier, demeure.

Livre huitième

– Eh bien ! que gagnez-vous, dites-moi, par journée ?
– Tantôt plus, tantôt moins : le mal est que toujours
(Et sans cela nos gains seraient assez honnêtes),
Le mal est que dans l'an s'entremêlent des jours
      Qu'il faut chômer ; on nous ruine en fêtes.
L'une fait tort à l'autre, et Monsieur le curé
De quelque nouveau saint charge toujours son prône[5]. »
Le Financier, riant de sa naïveté,
Lui dit : « Je vous veux mettre aujourd'hui sur le trône.
Prenez ces cent écus ; gardez-les avec soin,
      Pour vous en servir au besoin. »
Le Savetier crut voir tout l'argent que la terre
      Avait, depuis plus de cent ans,
      Produit pour l'usage des gens.
Il retourne chez lui ; dans sa cave il enserre[6]
      L'argent, et sa joie à la fois.
      Plus de chant : il perdit la voix
Du moment qu'il gagna ce qui cause nos peines.
      Le sommeil quitta son logis ;
      Il eut pour hôtes les soucis,
      Les soupçons, les alarmes vaines.
Tout le jour il avait l'œil au guet[7] ; et la nuit,
      Si quelque chat faisait du bruit,
Le chat prenait l'argent. À la fin le pauvre homme
S'en courut chez celui qu'il ne réveillait plus :
« Rendez-moi, lui dit-il, mes chansons et mon somme,
      Et reprenez vos cent écus. »

---

5. Sermon.
6. Enferme, met soigneusement à l'abri.
7. Il guettait.

Les jours fériés

On ne travaille ni les dimanches ni les jours fériés. Ils sont alloués à la prière et au repos. Sous l'Ancien Régime, l'Église imposait de chômer lors de nombreuses fêtes religieuses : il y eut jusqu'à cinquante jours fériés !

Livre huitième

III

Le Lion, le Loup et le Renard

Un Lion décrépit[1], goutteux[2], n'en pouvant plus,
Voulait que l'on trouvât remède à la vieillesse.
Alléguer l'impossible aux Rois, c'est un abus.
      Celui-ci parmi chaque espèce
Manda[3] des Médecins ; il en est de tous arts[4].
Médecins au Lion viennent de toutes parts ;
De tous côtés lui vient des donneurs de recettes.
      Dans les visites qui sont faites,
Le Renard se dispense, et se tient clos et coi[5].
Le Loup en fait sa cour, daube[6] au coucher du Roi
Son camarade absent : le Prince tout à l'heure
Veut qu'on aille enfumer[7] Renard dans sa demeure,
Qu'on le fasse venir. Il vient, est présenté,
Et sachant que le Loup lui faisait cette affaire[8] :
« Je crains, Sire, dit-il, qu'un rapport peu sincère,
      Ne m'ait à mépris[9] imputé
      D'avoir différé cet hommage ;
      Mais j'étais en pèlerinage,
Et m'acquittais d'un vœu fait pour votre santé.
      Même j'ai vu dans mon voyage
Gens experts et savants, leur ai dit la langueur[10]
Dont Votre Majesté craint à bon droit la suite :
      Vous ne manquez que de chaleur ;
      Le long âge en vous l'a détruite.
D'un loup écorché vif appliquez-vous la peau
      Toute chaude et toute fumante ;

---

1. Dégradé par l'âge.
2. Atteint de la goutte, une maladie des articulations.
3. Envoya chercher.
4. Qui pratiquent toutes sortes de méthodes.
5. Enfermé chez lui, sans dire un mot.
6. Raille, se moque.
7. On enfumait le terrier pour en faire sortir un renard.
8. Le traitait ainsi.
9. À tort.
10. Affaiblissement.

Livre huitième

Le secret sans doute en est beau
Pour la nature défaillante.
Messire Loup vous servira,
S'il vous plaît, de robe de chambre. »
Le Roi goûte cet avis-là :
On écorche, on taille, on démembre
Messire Loup. Le Monarque en soupa ;
Et de sa peau s'enveloppa.

Messieurs les courtisans, cessez de vous détruire :
Faites, si vous pouvez, votre cour sans vous nuire.
Le mal se rend chez vous au quadruple du bien.
Les daubeurs ont leur tour, d'une ou d'autre manière :
Vous êtes dans une carrière
Où l'on ne se pardonne rien.

« Le Lion, le Loup et le Renard », illustration de François Chauveau (1613-1676) pour les *Fables* de Jean de La Fontaine.

Explication de texte 3

« Le Lion, le Loup et le Renard »
→ p. 56 à 57, v. 15 à 34

Comment faire preuve d'imagination pour sauver sa peau ?

SITUER

1. Lisez l'ensemble de la fable : pour quels motifs le Renard doit-il prendre la parole ?
2. Quels objectifs vise-t-il en faisant son discours ?

EXPLIQUER

Un courtisan habile → v. 15 à 24

3. Vers 15 à 17. Quel ton emploie le Renard ? Que révèle-t-il ?
4. Vers. 18 à 24. Pour quelle raison le Renard prétend-il s'être absenté ?
5. Quelle image donne-t-il de lui dans ces quelques vers ?
6. Quel lien l'attache au Roi ?

Un ennemi redoutable → v. 25 à 30

7. Vers 25 à 30. Quel est le remède proposé par le Renard à la faiblesse du Lion ?
8. Comment le Renard introduit-il sa revanche ?

Un châtiment impitoyable → v. 31 à 34

9. Vers 32 à 34. Comment le Roi apparaît-il ?

CONCLURE

10. Comment le Renard renverse-t-il la situation ?
11. En quoi s'agit-il d'un texte satirique ?

ÉTUDE DE LA LANGUE

Analysez les groupes fonctionnels dans les deux phrases aux vers 31 à 34. Expliquez le choix des temps verbaux.

LIRE

Lisez les fables qui mettent en scène un renard : a-t-il toujours les mêmes caractéristiques ? Qui incarne-t-il le plus souvent ?

Fables • 59

Livre huitième

IV

Le Pouvoir des Fables

À Monsieur de Barillon[1]

        La qualité d'Ambassadeur
Peut-elle s'abaisser à des contes vulgaires[2] ?
Vous puis je offrir mes vers et leurs grâces légères ?
S'ils osent quelquefois prendre un air de grandeur,
Seront-ils point traités par vous de téméraires ?
        Vous avez bien d'autres affaires
        À démêler que les débats
        Du Lapin et de la Belette.
        Lisez-les, ne les lisez pas ;
        Mais empêchez qu'on ne nous mette
        Toute l'Europe sur les bras.
        Que de mille endroits de la terre
        Il nous vienne des ennemis,
        J'y consens ; mais que l'Angleterre
Veuille que nos deux Rois se lassent d'être amis,
        J'ai peine à digérer la chose.
N'est-il point encor temps que Louis se repose ?
Quel autre Hercule[3] enfin ne se trouverait las
De combattre cette hydre ? et faut-il qu'elle oppose
Une nouvelle tête aux efforts de son bras ?
        Si votre esprit plein de souplesse,
        Par éloquence et par adresse,
Peut adoucir les cœurs et détourner ce coup,
Je vous sacrifierai cent moutons : c'est beaucoup

---

1. Paul Barillon (1628-1691) est ambassadeur de Louis XIV à la cour d'Angleterre de 1677 à 1688. Pendant la guerre de Hollande, il doit convaincre Charles II de ne pas s'allier aux ennemis de la France. Il est aussi un des plus anciens amis de La Fontaine.

2. Qui plaisent au peuple.

3. Héros mythologique dont la force lui permit de réaliser douze travaux. L'un d'eux consista à tuer l'hydre de l'Herne, monstre dont les têtes repoussaient quand on les coupait.

Livre huitième

Pour un habitant du Parnasse[4].
Cependant faites-moi la grâce
De prendre en don ce peu d'encens.
Prenez en gré[5] mes vœux ardents,
Et le récit en vers, qu'ici je vous dédie.
30 Son sujet vous convient ; je n'en dirai pas plus :
Sur les éloges que l'envie
Doit avouer qui vous sont dus,
Vous ne voulez pas qu'on appuie.

Dans Athène[6] autrefois peuple vain et léger,
Un Orateur, voyant sa patrie en danger,
Courut à la tribune ; et d'un art tyrannique,
Voulant forcer les cœurs dans une république,
Il parla fortement sur le commun salut.
On ne l'écoutait pas : l'Orateur recourut
40 À ces figures[7] violentes,
Qui savent exciter les âmes les plus lentes.
Il fit parler les morts[8], tonna, dit ce qu'il put.
Le vent emporta tout ; personne ne s'émut.
L'animal aux têtes frivoles,

---

4. Expression qui désigne un poète : c'est sur le mont Parnasse que vivent les Muses.
5. Acceptez.
6. La Fontaine a supprimé le « s » à Athènes afin de ne pas ajouter une syllabe à l'alexandrin.
7. Figures de style.
8. Il s'agit d'une figure de rhétorique, la prosopopée.

L'art des orateurs

Cet orateur rappelle Démosthène, qui mit en garde les Athéniens contre les guerres menées par Philippe II, roi de Macédoine, ou le Démade de la fable d'Ésope dont s'inspire La Fontaine : « L'orateur Démade parlait un jour au peuple d'Athènes. Comme on ne prêtait pas beaucoup d'attention à son discours, il demanda qu'on lui permit de conter une fable d'Ésope.
La demande accordée, il commença ainsi : " Déméter, l'hirondelle et l'anguille faisaient route ensemble ; elles arrivèrent au bord d'une rivière ; alors l'hirondelle s'éleva dans les airs, l'anguille plongea dans les eaux ", et là-dessus il s'arrêta de parler. " Et Déméter, lui cria-t-on, que fit-elle ? — Elle se mit en colère contre vous, répondit-il, qui négligez les affaires de l'État, pour vous attacher à des fables d'Ésope." »

Livre huitième

Étant fait à ces traits[9], ne daignait l'écouter.
Tous regardaient ailleurs : il en vit s'arrêter
À des combats d'enfants, et point à ses paroles.
Que fit le harangueur[10] ? Il prit un autre tour.
« Cérès[11], commença-t-il, faisait voyage un jour
    Avec l'Anguille et l'Hirondelle.
Un fleuve les arrête, et l'Anguille en nageant,
    Comme l'Hirondelle en volant,
Le traversa bientôt. » L'assemblée à l'instant
Cria tout d'une voix : « Et Cérès, que fit-elle ?
    – Ce qu'elle fit ? un prompt courroux
    L'anima d'abord contre vous.
Quoi ! de contes d'enfants son peuple s'embarrasse !
    Et du péril qui le menace
Lui seul entre les Grecs il néglige l'effet !
Que ne demandez-vous ce que Philippe[12] fait ? »
    À ce reproche l'assemblée
    Par l'apologue[13] réveillée
    Se donne entière à l'Orateur :
    Un trait de fable en eut l'honneur.
Nous sommes tous d'Athènes en ce point ; et moi-même,
Au moment que je fais cette moralité,
    Si *Peau d'âne*[14] m'était conté,
    J'y prendrais un plaisir extrême.
Le monde est vieux, dit-on, je le crois ; cependant
Il le faut amuser encor comme un enfant.

---

9. Ces attitudes, ce type d'éloquence.
10. Orateur.
11. Déesse de la moisson et de la fertilité dans la mythologie romaine (on la nomme Déméter dans la mythologie grecque).
12. Philippe II de Macédoine qui soumit Athènes.
13. La fable.
14. « Peau d'âne » est un conte traditionnel que Charles Perrault mit en vers en 1694.

Explication de texte 4

« Le Pouvoir des Fables »
p. 61 à 62, v. 34 à 64

Quels pouvoirs particuliers La Fontaine attribue-t-il aux fables ?

SITUER

1. À qui La Fontaine s'adresse-t-il dans les 33 premiers vers de la fable ? Quelle demande lui formule-t-il ?
2. Dans les vers étudiés (v. 34-64), identifiez les différents passages de discours rapporté et précisez qui parle.

EXPLIQUER

L'échec de la rhétorique v. 34 à 48

3. Vers 34 à 43. Quels sont les procédés mis en œuvres par l'orateur athénien pour persuader son auditoire ?
4. Sont-ils efficaces ? Pourquoi ?
5. Vers 34 à 48. Comment est représentée la foule des auditeurs ?

Le pouvoir de la fable v. 49 à 64

6. Vers 49 à 53. Pourquoi La Fontaine emploie-t-il le discours direct ?
7. Quels sont les indices de la fable dans ce récit enchâssé ?
8. Vers 55 à 60. Comment se manifeste l'indignation de l'Orateur ?
9. Vers 61 à 64. Quel est l'effet produit par la fable ?

CONCLURE

10. Quel est le rôle de l'imagination d'après cette fable ?
11. Lisez la moralité de la fable : en quoi est-elle surprenante ?

ÉTUDE DE LA LANGUE

Commentez la construction de l'interrogative « Et Cérès, que fit-elle ? »

CARNET DE LECTEUR

Lisez « Peau d'âne » de Charles Perrault, et expliquez si, comme l'affirme La Fontaine, vous y avez pris un « plaisir extrême ».

V
L'Homme et la Puce

Par des vœux importuns nous fatiguons les Dieux,
Souvent pour des sujets même indignes des hommes.
Il semble que le Ciel sur tous tant que nous sommes
Soit obligé d'avoir incessamment les yeux,
Et que le plus petit de la race mortelle,
À chaque pas qu'il fait, à chaque bagatelle[1],
Doive intriguer[2] l'Olympe[3] et tous ses citoyens,
Comme s'il s'agissait des Grecs et des Troyens.

Un Sot par une Puce eut l'épaule mordue.
Dans les plis de ses draps elle alla se loger.
« Hercule[4], ce dit-il, tu devais bien purger
La terre de cette hydre au printemps revenue.
Que fais-tu, Jupiter, que du haut de la nue[5]
Tu n'en perdes la race afin de me venger ? »
Pour tuer une Puce, il voulait obliger
Ces Dieux à lui prêter leur foudre et leur massue[6].

VI
Les Femmes et le Secret

Rien ne pèse tant qu'un secret ;
Le porter loin est difficile aux dames ;
Et je sais même sur ce fait
Bon nombre d'hommes qui sont femmes.
Pour éprouver la sienne un Mari s'écria,

---

1. Petite chose sans importance.
2. Donner de la peine.
3. Séjour des dieux dans la mythologie grecque.
4. Héros de la mythologie romaine, connu pour sa force et ses exploits.
5. Nuages, ciel.
6. Le foudre est l'attribut de Jupiter, la massue, celui d'Hercule.

Livre huitième

La nuit, étant près d'elle : « Ô Dieux ! qu'est-ce cela ?
      Je n'en puis plus ; on me déchire ;
Quoi ! j'accouche d'un œuf ! – D'un œuf ? – Oui, le voilà,
Frais et nouveau pondu. Gardez[1] bien de le dire ;
On m'appellerait poule. Enfin n'en parlez pas. »
      La Femme, neuve[2] sur ce cas,
      Ainsi que sur mainte autre affaire,
Crut la chose, et promit ses grands dieux de se taire.
      Mais ce serment s'évanouit
      Avec les ombres de la nuit.
      L'Épouse indiscrète et peu fine
Sort du lit quand le jour fut à peine levé ;
      Et de courir chez sa voisine.
« Ma commère[3], dit-elle, un cas est arrivé.
N'en dites rien surtout, car vous me feriez battre :
Mon mari vient de pondre un œuf gros comme quatre.
      Au nom de Dieu, gardez-vous bien
      D'aller publier ce mystère.
– Vous moquez-vous ? dit l'autre. Ah ! vous ne savez guère
    Quelle je suis. Allez, ne craignez rien. »
La femme du pondeur s'en retourne chez elle.
L'autre grille[4] déjà de conter la nouvelle :
Elle va la répandre en plus de dix endroits.
      Au lieu d'un œuf elle en dit trois.
Ce n'est pas encore tout, car une autre commère
En dit quatre, et raconte à l'oreille le fait ;
      Précaution peu nécessaire,
      Car ce n'était plus secret.
Comme le nombre d'œufs, grâce à la renommée,
      De bouche en bouche allait croissant,
      Avant la fin de la journée
      Ils se montaient à plus d'un cent.

Fable VI – 1. Abstenez-vous.
2. Sans expérience.
3. Mon amie.
4. Brûle de, a hâte de.

VII

Le Chien qui porte à son cou le dîné de son Maître

Nous n'avons pas les yeux à l'épreuve des belles,
 Ni les mains à celle de l'or :
 Peu de gens gardent un trésor
 Avec des soins assez fidèles.
Certain Chien, qui portait la pitance[1] au logis,
S'était fait un collier du dîné[2] de son maître.
Il était tempérant[3], plus qu'il n'eût voulu l'être
 Quand il voyait un mets[4] exquis ;
Mais enfin il l'était : et, tous tant que nous sommes,
Nous nous laissons tenter à l'approche des biens.
Chose étrange ! on apprend la tempérance aux chiens,
 Et l'on ne peut l'apprendre aux hommes.
Ce Chien-ci donc étant de la sorte atourné[5],
Un Mâtin[6] passe, et veut lui prendre le dîné.
 Il n'en eut pas toute la joie
Qu'il espérait d'abord : le Chien mit bas la proie,
Pour la défendre mieux, n'en étant plus chargé.
 Grand combat. D'autres chiens arrivent :
 Ils étaient de ceux-là qui vivent
 Sur le public, et craignent peu les coups.
Notre Chien, se voyant trop faible contre eux tous,
Et que la chair courait un danger manifeste,
Voulut avoir sa part ; et lui sage, il leur dit :
« Point de courroux, Messieurs ; mon lopin[7] me suffit :
 Faites votre profit du reste. »
À ces mots, le premier, il vous happe un morceau ;
Et chacun de tirer, le Mâtin, la canaille,

---

1. Repas.
2. Jusqu'au XIXe siècle, on écrit indifféremment « dîner », « diné » ou « dînée ».
3. Modéré.
4. Nourriture, plat.
5. Orné (de son collier).
6. Un gros chien.
7. Morceau de viande.

Livre huitième

À qui mieux mieux : ils firent tous ripaille[8] ;
        Chacun d'eux eut part au gâteau.
Je crois voir en ceci l'image d'une ville
Où l'on met les deniers[9] à la merci des gens.
        Échevins[10], prévôt des marchands[11],
        Tout fait sa main[12] : le plus habile
Donne aux autres l'exemple, et c'est un passe-temps
De leur voir nettoyer un monceau de pistoles[13].
Si quelque scrupuleux, par des raisons frivoles
Veut défendre l'argent et dit le moindre mot,
        On lui fait voir qu'il est un sot.
        Il n'a pas de peine à se rendre[14] :
        C'est bientôt le premier à prendre.

VIII

Le Rieur et les Poissons

On cherche les rieurs[1] ; et moi je les évite.
Cet art veut, sur tout autre, un suprême mérite.
        Dieu ne créa que pour les sots
        Les méchants diseurs de bons mots.
        J'en vais peut-être en une fable
        Introduire un ; peut-être aussi
Que quelqu'un trouvera que j'aurai réussi.
        Un Rieur était à la table
D'un Financier, et n'avait en son coin
Que de petits Poissons ; tous les gros étaient loin.
Il prend donc les menus, puis leur parle à l'oreille,
        Et puis il feint, à la pareille,
D'écouter leur réponse. On demeura surpris :

---

8. Festin.
9. Pièces d'argent, ici, deniers publics.
10. Magistrats municipaux.
11. Celui qui dirige l'administration municipale à Paris (équivalent du maire de Paris).
12. Chacun prend une part.
13. Pièces d'or.
14. Céder.
Fable VIII – 1. Personnes qui aiment faire rire.

Cela suspendit les esprits.
Le Rieur alors, d'un ton sage,
Dit qu'il craignait qu'un sien ami
Pour les grandes Indes[2] parti,
N'eût depuis un an fait naufrage.
Il s'en informait donc à ce menu fretin[3] ;
Mais tous lui répondaient qu'ils n'étaient pas d'un âge
À savoir au vrai son destin ;
Les gros en sauraient davantage.
« N'en puis-je donc, Messieurs, un gros interroger ? »
De dire si la compagnie
Prit goût à sa plaisanterie,
J'en doute ; mais enfin il les sut engager
À lui servir d'un monstre assez vieux pour lui dire
Tous les noms des chercheurs de mondes inconnus
Qui n'en étaient pas revenus,
Et que depuis cent ans sous l'abîme[4] avaient vus
Les Anciens du vaste Empire.

IX

Le Rat et l'Huître

Un Rat, hôte d'un champ, rat de peu de cervelle,
Des lares[1] paternels un jour se trouva sou[2].
Il laisse là le champ, le grain, et la javelle[3],
Va courir le pays, abandonne son trou.
Sitôt qu'il fut hors de la case :

---

2. Amérique.
3. Poissons de très petite taille.
4. Le pays des morts.
Fable IX – 1. Dieux du foyer chez les Romains, donc foyer, maison.

2. Saoul ; la graphie sou est adoptée pour la rime. La phrase signifie : Le rat en eut assez de demeurer dans la maison du père.
3. Brassée de céréales qu'on laisse sécher dans le champ.

« Que le monde, dit-il, est grand et spacieux !
Voilà les Apennins, et voici le Caucase[4]. »
La moindre taupinée[5] était mont à ses yeux.
Au bout de quelques jours, le voyageur arrive
En un certain canton où Thétys[6] sur la rive
Avait laissé mainte huître ; et notre Rat d'abord
Crut voir, en les voyant, des vaisseaux[7] de haut bord.
« Certes, dit-il, mon père était un pauvre sire ;
Il n'osait voyager, craintif au dernier point :
Pour moi, j'ai déjà vu le maritime empire ;
J'ai passé les déserts ; mais nous n'y bûmes point. »
D'un certain magister[8] le Rat tenait ces choses,
    Et les disait à travers champs,
N'étant pas de ces rats qui les livres rongeants,
    Se font savants jusques aux dents[9].
    Parmi tant d'huîtres toutes closes,
Une s'était ouverte ; et, bâillant au soleil,
    Par un doux zéphyr[10] réjouie,
    Humait l'air, respirait, était épanouie,
Blanche, grasse, et d'un goût, à la voir, nonpareil[11].
D'aussi loin que le Rat voit cette Huître qui bâille :
« Qu'aperçois-je ? dit-il, c'est quelque victuaille ;
Et, si je ne me trompe à la couleur du mets[12],
Je dois faire aujourd'hui bonne chère, ou jamais. »
Là-dessus, maître Rat, plein de belle espérance,
Approche de l'écaille, allonge un peu le cou,

---

4. Les Apennins sont une chaîne de montagnes qui traverse l'Italie du nord au sud, et le Caucase une chaîne de montagnes qui sépare l'Europe de l'Asie.
5. Petit monticule de terre qui marque l'emplacement du terrier d'une taupe.
6. Déesse de la mer chez les Grecs.
7. Bateaux.
8. Maître d'école
9. À l'extrême.
10. Vent doux.
11. Incomparable.
12. Nourriture, plat.

L'Exode

Cette traversée de déserts rappelle l'*Exode*, le livre de L'Ancien Testament qui raconte comment les Hébreux, guidés par Moïse, ont fui l'Égypte. Cet épisode est rappelé ironiquement dans *Gargantua* de Rabelais, où Picrochole, qui pourtant ne quitte pas l'Anjou, croit traverser le désert.

Livre huitième

Se sent pris comme aux lacs[13] : car l'huître tout d'un coup
Se referme. Et voilà ce que fait l'ignorance.

Cette fable contient plus d'un enseignement :
    Nous y voyons premièrement
Que ceux qui n'ont du monde aucune expérience
Sont, aux moindres objets, frappés d'étonnement ;
    Et puis nous y pouvons apprendre
    Que tel est pris qui croyait prendre.

X

L'Ours et l'Amateur des jardins

Certain Ours montagnard, Ours à demi léché,
Confiné par le Sort dans un bois solitaire,
Nouveau Bellérophon[1], vivait seul et caché.
Il fût devenu fou : la raison d'ordinaire
N'habite pas longtemps chez les gens séquestrés[2].
Il est bon de parler, et meilleur de se taire ;
Mais tous deux sont mauvais alors qu'ils sont outrés[3].
    Nul animal n'avait affaire
    Dans les lieux que l'Ours habitait,
    Si bien que tout ours qu'il était,
Il vint à s'ennuyer de cette triste vie.
Pendant qu'il se livrait à la mélancolie,
    Non loin de là certain Vieillard
    S'ennuyait aussi de sa part.
Il aimait les jardins, était prêtre de Flore[4] ;

---

13. Filets, piège.
Fable X – 1. Héros mythologique qui fuit la compagnie des hommes.
2. Qui vivent à l'écart des hommes.
3. Exagérés.
4. Déesse des fleurs chez les Romains.

> **Une expression populaire**
>
> La Fontaine joue avec l'expression un ours mal-léché. On croyait que les oursons étaient informes à la naissance, et que leur mère, en les léchant, leur donnait leur apparence : cette expression désigne une personne sans éducation, mal élevée.

Il l'était de Pomone[5] encore.
Ces deux emplois sont beaux ; mais je voudrais parmi[6]
Quelque doux et discret ami.
Les jardins parlent peu, si ce n'est dans mon livre :
De façon que, lassé de vivre
Avec des gens muets, notre homme un beau matin
Va chercher compagnie, et se met en campagne.
L'Ours, porté d'un même dessein,
Venait de quitter sa montagne.
Tous deux, par un cas surprenant,
Se rencontrent en un tournant.
L'Homme eut peur : mais comment esquiver ? et que faire ?
Se tirer en Gascon[7] d'une semblable affaire
Est le mieux : il sut donc dissimuler sa peur.
L'Ours, très mauvais complimenteur,
Lui dit : « Viens-t'en me voir. » L'autre reprit : « Seigneur,
Vous voyez mon logis ; si vous me vouliez faire
Tant d'honneur que d'y prendre un champêtre repas :
J'ai des fruits, j'ai du lait : ce n'est peut-être pas
De Nosseigneurs[8] les Ours le manger ordinaire ;
Mais j'offre ce que j'ai. » L'Ours l'accepte ; et d'aller.
Les voilà bons amis avant que d'arriver ;
Arrivés, les voilà se trouvant bien ensemble ;
Et, bien qu'on soit, à ce qu'il semble,
Beaucoup mieux seul qu'avec des sots,
Comme l'Ours en un jour ne disait pas deux mots,
L'Homme pouvait sans bruit vaquer à son ouvrage.
L'Ours allait à la chasse, apportait du gibier,
Faisait son principal métier
D'être bon émoucheur[9] ; écartait du visage
De son ami dormant ce parasite ailé,
Que nous avons mouche appelé.

---

5. Déesse des fruits chez les Romains.
6. Au milieu de ces jardins.
7. En fanfaronnant, en affectant un grand courage.
8. Pluriel amusant de « Monseigneur ».
9. Chasseur de mouches.

Livre huitième

Un jour que le Vieillard dormait d'un profond somme,
Sur le bout de son nez une allant se placer
50 Mit l'Ours au désespoir ; il eut beau la chasser.
« Je t'attraperai bien, dit-il. Et voici comme. »
Aussitôt fait que dit : le fidèle émoucheur
Vous empoigne un pavé, le lance avec raideur[10],
Casse la tête à l'Homme en écrasant la mouche,
Et non moins bon archer que mauvais raisonneur,
Raide mort étendu sur la place il le couche.
Rien n'est si dangereux qu'un ignorant ami ;
    Mieux vaudrait un sage ennemi.

XI

Les deux Amis

Deux vrais Amis vivaient au Monomotapa :
L'un ne possédait rien qui n'appartînt à l'autre :
    Les amis de ce pays-là
    Valent bien, dit-on, ceux du nôtre.
Une nuit que chacun s'occupait au sommeil,
Et mettait à profit l'absence du soleil,
Un de nos deux Amis sort du lit en alarme[1] ;
Il court chez son intime, éveille les valets :
Morphée[2] avait touché le seuil de ce palais.
10 L'Ami couché s'étonne, il prend sa bourse, il s'arme,
Vient trouver l'autre, et dit : « Il vous arrive peu
De courir quand on dort ; vous me paraissiez homme

---

10. Rapidité
Fable XI – 1. Effrayé, épouvanté.
2. Dieu des rêves chez les Grecs : en effleurant les humains, il les endort et provoque des rêves.

Une contrée Lointaine

Le Monomotapa était le nom d'un royaume d'Afrique australe correspondant aujourd'hui à une partie du Zimbabwe et du Zambèze : il était très peu connu, et devint synonyme de pays légendaire. Ce terme confère à la fable une touche d'exotisme, qu'on retrouve dans l'expression « une esclave assez belle » (v. 17).

Livre huitième

À mieux user du temps destiné pour le somme.
N'auriez-vous point perdu tout votre argent au jeu ?
En voici. S'il vous est venu quelque querelle,
J'ai mon épée ; allons. Vous ennuyez-vous point
De coucher toujours seul ? Une esclave assez belle
Était à mes côtés ; voulez-vous qu'on l'appelle ?
– Non, dit l'Ami, ce n'est ni l'un ni l'autre point :
20   Je vous rends grâce de ce zèle.
Vous m'êtes, en dormant, un peu triste apparu ;
J'ai craint qu'il ne fût vrai ; je suis vite accouru.
        Ce maudit songe en est la cause. »

Qui d'eux aimait le mieux ? Que t'en semble, lecteur ?
Cette difficulté vaut bien qu'on la propose.
Qu'un ami véritable est une douce chose !
Il cherche vos besoins au fond de votre cœur ;
        Il vous épargne la pudeur[3]
        De les lui découvrir vous-même.
30   Un songe, un rien, tout lui fait peur
        Quand il s'agit de ce qu'il aime.

XII

Le Cochon, la Chèvre et le Mouton

Une Chèvre, un Mouton, avec un Cochon gras,
Montés sur même char s'en allaient à la foire.
Leur divertissement ne les y portait pas ;
On s'en allait les vendre, à ce que dit l'histoire :
        Le Charton[1] n'avait pas dessein
        De les mener voir Tabarin[2].
        Dom Pourceau criait en chemin,

---

3. Honte.
Fable XII – 1. Conducteur de la charrette.
2. Célèbre comédien de foire au XVIIe siècle.

Livre huitième

      Comme s'il avait eu cent Bouchers à ses trousses.
      C'était une clameur à rendre les gens sourds.
10 Les autres animaux, créatures plus douces,
      Bonnes gens, s'étonnaient qu'il criât au secours ;
          Ils ne voyaient nul mal à craindre.
      Le Charton dit au Porc : « Qu'as-tu tant à te plaindre ?
      Tu nous étourdis tous. Que ne te tiens-tu coi[3] ?
      Ces deux personnes-ci plus honnêtes[4] que toi,
      Devraient t'apprendre à vivre, ou du moins à te taire.
      Regarde ce Mouton. A-t-il dit un seul mot ?
          Il est sage. – Il est un sot,
      Repartit le Cochon : s'il savait son affaire,
20 Il crierait comme moi du haut de son gosier,
          Et cette autre personne honnête
          Crierait tout du haut de sa tête.
      Ils pensent qu'on les veut seulement décharger,
      La Chèvre de son lait, le Mouton de sa laine.
          Je ne sais pas s'ils ont raison ;
          Mais quant à moi qui ne suis bon
          Qu'à manger, ma mort est certaine.
          Adieu mon toit et ma maison. »

      Dom Pourceau raisonnait en subtil personnage :
30 Mais que lui servait-il ? quand le mal est certain,
      La plainte ni la peur ne changent le destin ;
      Et le moins prévoyant est toujours le plus sage.

---

3. Silencieux.
4. Qui se conduisent bien.

Livre huitième

XIII

Tircis et Amarante

Pour Mademoiselle de Sillery[1]

J'avais Ésope[2] quitté
Pour être tout à Boccace[3] ;
Mais une divinité
Veut revoir sur le Parnasse[4]
Des fables de ma façon ;
Or, d'aller lui dire : « Non »,
Sans quelque valable excuse,
Ce n'est pas comme on en use
Avec des Divinités,
Surtout quand ce sont de celles
Que la qualité de belles
Fait reines des volontés.
Car, afin que l'on le sache,
C'est Sillery qui s'attache
À vouloir que, de nouveau,
Sire Loup, Sire Corbeau
Chez moi se parlent en rime.
Qui dit Sillery dit tout ;
Peu de gens en leur estime
Lui refusent le haut bout[5] ;
Comment le pourrait-on faire ?
Pour venir à notre affaire,
Mes contes, à son avis,

---

1. La fable est adressée à la nièce du moraliste La Rochefoucauld, alors sur le point de se marier.
2. Fabuliste grec imité par La Fontaine.
3. Écrivain italien du XIVe siècle, auteur de nouvelles dont La Fontaine s'inspire pour écrire ses *Contes*.
4. Dans la mythologie, lieu où séjournent les Muses.
5. La place la plus honorable à table.

Personnages de la poésie pastorale

Tircis et Amarante sont les noms de bergers et de bergères dans la poésie bucolique. Plus loin dans la fable, le poète les fait dialoguer dans la tradition de la poésie pastorale, en échangeant des considérations sur l'amour.

Livre huitième

        Sont obscurs : les beaux esprits
        N'entendent pas toute chose.
        Faisons donc quelques récits
        Qu'elle déchiffre sans glose[6].
Amenons des Bergers, et puis nous rimerons
Ce que disent entre eux les loups et les moutons.

Tircis disait un jour à la jeune Amarante :
« Ah ! si vous connaissiez comme moi certain mal
        Qui nous plaît et qui nous enchante,
Il n'est bien sous le ciel qui vous parût égal !
        Souffrez qu'on vous le communique ;
        Croyez-moi, n'ayez point de peur.
        Voudrais-je vous tromper, vous, pour qui je me pique[7]
        Des plus doux sentiments que puisse avoir un cœur ? »
        Amarante aussitôt réplique :
« Comment l'appelez-vous, ce mal ? quel est son nom ?
– L'amour. – Ce mot est beau. Dites-moi quelques marques
À quoi je le pourrai connaître : que sent-on ?
– Des peines près de qui le plaisir des monarques
Est ennuyeux et fade : on s'oublie, on se plaît
        Toute seule en une forêt.
        Se mire-t-on près un rivage,
Ce n'est pas soi qu'on voit ; on ne voit qu'une image
Qui sans cesse revient, et qui suit en tous lieux.
        Pour tout le reste on est sans yeux.
        Il est un berger du village
Dont l'abord, dont la voix, dont le nom fait rougir :
        On soupire à son souvenir ;
On ne sait pas pourquoi, cependant on soupire,
On a peur de le voir, encore qu'on le désire. »
        Amarante dit à l'instant :
« Oh ! oh ! c'est là ce mal que vous me prêchez tant ?
Il ne m'est pas nouveau : je pense le connaître. »

---

6. Commentaire explicatif.
7. Je m'enorgueillis.

                Tircis à son but croyait être,
        Quand la belle ajouta : « Voilà tout justement
                Ce que je sens pour Clidamant[8]. »
60 L'autre pensa mourir de dépit et de honte.

                Il est force gens comme lui,
        Qui prétendent n'agir que pour leur propre compte,
                Et qui font le marché d'autrui.

XIV
Les Obsèques de la Lionne

                La femme du Lion mourut ;
                Aussitôt chacun accourut
                Pour s'acquitter envers le Prince
        De certains compliments[1] de consolation,
                Qui sont surcroît[2] d'affliction[3].
                Il fit avertir sa province
                Que les obsèques se feraient
        Un tel jour, en tel lieu : ses prévôts[4] y seraient
                Pour régler la cérémonie
10   Et pour placer la compagnie.
                Jugez si chacun s'y trouva.
                Le Prince aux cris s'abandonna,
                Et tout son antre en résonna.
                Les lions n'ont point d'autre temple.
                On entendit, à son exemple,
        Rugir en leurs patois[5] Messieurs les Courtisans.
        Je définis la cour un pays où les gens
        Tristes, gais, prêts à tout, à tout indifférents,
        Sont ce qu'il plaît au Prince, ou, s'ils ne peuvent l'être,

---

8. Nom d'un autre berger.
Fable XIV – 1. Formules de politesse.
2. Supplément.
3. Tristesse.
4. Officiers du roi, en charge des cérémonies.
5. Langue propre à une région.

Livre huitième

« Les Obsèques de la Lionne », illustration de Jean-Baptiste Oudry (1686-1755), BnF, Paris.

Livre huitième

₂₀   Tâchent au moins de le paraître.
Peuple caméléon, peuple singe du maître ;
On dirait qu'un esprit anime mille corps ;
C'est bien là que les gens sont de simples ressorts.
        Pour revenir à notre affaire,
Le Cerf ne pleura point. Comment eût-il pu faire ?
Cette mort le vengeait : la Reine avait jadis
        Étranglé sa femme et son fils.
Bref, il ne pleura point. Un flatteur l'alla dire,
        Et soutint qu'il l'avait vu rire.
₃₀ La colère du Roi, comme dit Salomon[6],
Est terrible, et surtout celle du Roi Lion ;
Mais ce Cerf n'avait pas accoutumé[7] de lire.
Le Monarque lui dit : « Chétif hôte des bois
Tu ris, tu ne suis pas ces gémissantes voix.
Nous n'appliquerons point sur tes membres profanes[8]
        Nos sacrés ongles ; venez, Loups,
        Vengez la Reine, immolez tous
        Ce traître à ses augustes mânes[9]. »
Le Cerf reprit alors : « Sire, le temps de pleurs
₄₀ Est passé ; la douleur est ici superflue.
Votre digne moitié, couchée entre des fleurs,
        Tout près d'ici m'est apparue,
        Et je l'ai d'abord reconnue.
« Ami, m'a-t-elle dit, garde[10] que ce convoi,
« Quand je vais chez les Dieux, ne t'oblige à des larmes.
« Aux Champs-Élysiens[11] j'ai goûté mille charmes,
« Conversant avec ceux qui sont saints comme moi.

---

6. Roi des Hébreux à qui on attribue le livre des *Proverbes* dans La Bible. On y trouve une comparaison entre le rugissement du lion et la colère du roi.
7. N'avait pas l'habitude.
8. Qui ne sont pas sacrés (par opposition aux ongles du roi).
9. Âmes des morts pour les Latins.
10. Prends garde.
11. Selon la mythologie antique, partie des Enfers où vont les âmes des morts vertueux.

L'animal-machine

Théorie développée entre autres par Descartes, selon laquelle les animaux sont des assemblages de pièces et de ressorts, privés de conscience et de réflexion. Gassendi s'oppose à cette théorie.

« Laisse agir quelque temps le désespoir du Roi :
« J'y prends plaisir. » À peine on eut ouï la chose,
Qu'on se mit à crier : Miracle ! Apothéose[12] !
Le Cerf eut un présent, bien loin d'être puni.

    Amusez les rois par des songes,
Flattez-les, payez-les d'agréables mensonges :
Quelque indignation dont leur cœur soit rempli,
Ils goberont l'appât, vous serez leur ami.

XV

Le Rat et l'Éléphant

Se croire un personnage[1] est fort commun en France :
    On y fait l'homme d'importance,
    Et l'on n'est souvent qu'un bourgeois :
    C'est proprement le mal françois.
    La sotte vanité nous est particulière.
Les Espagnols sont vains, mais d'une autre manière :
    Leur orgueil me semble, en un mot,
    Beaucoup plus fou, mais pas si sot.
    Donnons quelque image du nôtre
    Qui sans doute en vaut bien un autre.

Un Rat des plus petits voyait un Éléphant
Des plus gros, et raillait le marcher un peu lent
    De la bête de haut parage[2],
    Qui marchait à gros équipage[3].
    Sur l'animal à triple étage
    Une sultane de renom,
    Son chien, son chat et sa guenon,

---

12. Transformation, à sa mort, d'un mortel en dieu.
Fable XV – 1. Une personne importante.
2. De grande lignée, de haut rang.
3. Avec une longue suite de domestiques.

Son perroquet, sa vieille[4] et toute sa maison,
      S'en allait en pèlerinage.
      Le Rat s'étonnait que les gens
Fussent touchés de voir cette pesante masse :
« Comme si d'occuper ou plus ou moins de place
Nous rendait, disait-il, plus ou moins importants !
Mais qu'admirez-vous tant en lui, vous autres hommes ?
Serait-ce ce grand corps qui fait peur aux enfants ?
Nous ne nous prisons[5] pas, tout petits que nous sommes,
      D'un grain[6] moins que les Éléphants. »
      Il en aurait dit davantage ;
      Mais le Chat, sortant de sa cage,
      Lui fit voir en moins d'un instant
      Qu'un Rat n'est pas un Éléphant.

XVI

L'Horoscope

      On rencontre sa destinée
Souvent par des chemins qu'on prend pour l'éviter.

      Un Père eut pour toute lignée
Un Fils qu'il aima trop, jusque à consulter
      Sur le sort de sa géniture[1]
      Les diseurs de bonne aventure.
Un de ces gens lui dit, que des lions surtout
Il éloignât l'Enfant jusque à certain âge :
      Jusqu'à vingt ans, point davantage.
      Le Père pour venir à bout
D'une précaution sur qui roulait la vie
De celui qu'il aimait, défendit que jamais

---

4. Domestique.
5. Estimons.

6. Unité de poids très petite, utilisée pour les pierres précieuses.
Fable XVI – 1. Enfant.

Livre huitième

On lui laissât passer le seuil de son palais.
Il pouvait sans sortir contenter son envie,
Avec ses compagnons tout le jour badiner[2],
      Sauter, courir, se promener.
      Quand il fut en l'âge où la chasse
      Plaît le plus aux jeunes esprits,
      Cet exercice avec mépris
      Lui fut dépeint : mais quoi qu'on fasse,
      Propos, conseil, enseignement,
      Rien ne change un tempérament.
Le jeune homme inquiet[3], ardent, plein de courage,
À peine se sentit des bouillons d'un tel âge
      Qu'il soupira pour ce plaisir.
Plus l'obstacle était grand, plus fort fut le désir.
Il savait le sujet des fatales défenses ;
Et comme ce logis plein de magnificences,
      Abondait partout en tableaux,
      Et que la laine[4] et les pinceaux
Traçaient de tous côtés chasses et paysages,
      En cet endroit des animaux,
      En cet autre des personnages,
Le jeune homme s'émut voyant peint un Lion.
« Ah ! monstre, cria-t-il, c'est toi qui me fais vivre
Dans l'ombre et dans les fers[5]. » À ces mots, il se livre
Aux transports violents de l'indignation,
   Porte le poing sur l'innocente bête.
Sous la tapisserie un clou se rencontra.
      Ce clou le blesse ; il pénétra
Jusqu'aux ressorts de l'âme ; et cette chère tête
Pour qui l'art d'Esculape[6] en vain fit ce qu'il put,
Dut sa perte à ces soins qu'on prit pour son salut.
Même précaution nuisit au Poète Eschyle[7].

---

2. S'amuser.
3. Plein d'énergie, mobile.
4. Ici, les tapisseries.
5. Une prison.
6. Dieu de la médecine.
7. Dramaturge grec (525-456 av. J.C.), considéré comme le père de la tragédie.

Livre huitième

Quelque Devin le menaça, dit-on,
  De la chute d'une maison.
  Aussitôt il quitta la ville,
Mit son lit en plein champ, loin des toits, sous les cieux.
Un Aigle qui portait en l'air une Tortue,
Passa par là, vit l'homme, et sur sa tête nue,
Qui parut un morceau de rocher à ses yeux,
  Étant de cheveux dépourvue,
Laissa tomber sa proie, afin de la casser :
Le pauvre Eschyle ainsi sut ses jours avancer.

  De ces exemples il résulte
Que cet art, s'il est vrai, fait tomber dans les maux
  Que craint celui qui le consulte ;
Mais je l'en justifie[8], et maintiens qu'il est faux.
  Je ne crois point que la Nature
Se soit lié les mains, et nous les lie encor,
Jusqu'au point de marquer dans les Cieux notre sort.
  Il dépend d'une conjoncture
  De lieux, de personnes, de temps ;
Non des conjonctions[9] de tous ces charlatans.
Ce Berger et ce Roi sont sous même Planète ;
L'un d'eux porte le sceptre et l'autre la houlette[10] :
  Jupiter[11] le voulait ainsi.
  Qu'est-ce que Jupiter ? un corps sans connaissance.
  D'où vient donc que son influence
Agit différemment sur ces deux hommes-ci ?
Puis comment pénétrer jusque à notre monde ?
Comment percer des airs la campagne profonde ?
Percer Mars, le Soleil, et des vides sans fin ?
Un atome la peut détourner en chemin :
Où l'iront retrouver les faiseurs d'Horoscope ?

---

8. Je l'en excuse.
9. Terme d'astrologie qui désigne la rencontre de plusieurs planètes en une ligne droite par rapport à un point de la terre.
10. Bâton du berger.
11. La planète Jupiter.

Livre huitième

>L'état où nous voyons l'Europe,
>Mérite que du moins quelqu'un d'eux l'ait prévu.
>Que ne l'a-t-il donc dit ? Mais nul d'eux ne l'a su.
>80 L'immense éloignement, le point, et sa vitesse,
>>Celle aussi de nos passions,
>>Permettent-ils à leur faiblesse
>De suivre pas à pas toutes nos actions ?
>Notre sort en dépend : sa course entre-suivie[12],
>Ne va non plus que nous jamais d'un même pas ;
>>Et ces gens veulent au compas,
>>Tracer les cours de notre vie !
>>Il ne se faut point arrêter
>Aux deux faits ambigus que je viens de conter.
>90 Ce fils par trop chéri, ni le bonhomme Eschyle
>N'y font rien. Tout aveugle et menteur qu'est cet art,
>Il peut frapper au but une fois entre mille.
>>Ce sont des effets du hasard.

XVII

L'Âne et le Chien

Il se faut entraider, c'est la loi de nature.
>L'Âne un jour pourtant s'en moqua :
>Et ne sais comme il y manqua ;
>Car il est bonne créature.
Il allait par pays, accompagné du Chien,
>Gravement, sans songer à rien ;
>Tous deux suivis d'un commun maître.
Ce maître s'endormit. L'Âne se mit à paître.
>Il était alors dans un pré
>10 Dont l'herbe était fort à son gré.
Point de chardons pourtant ; il s'en passa pour l'heure :
Il ne faut pas toujours être si délicat ;

---

12. Pleine de ruptures et de variations.

Et, faute de servir ce plat,
Rarement un festin demeure.
Notre Baudet s'en sut enfin
Passer pour cette fois. Le Chien, mourant de faim
Lui dit : « Cher compagnon, baisse-toi, je te prie :
Je prendrai mon dîné[1] dans le panier au pain. »
Point de réponse, mot[2] : le Roussin d'Arcadie[3]
Craignit qu'en perdant un moment,
Il ne perdît un coup de dent.
Il fit longtemps la sourde oreille :
Enfin il répondit : « Ami, je te conseille
D'attendre que ton maître ait fini son sommeil ;
Car il te donnera sans faute, à son réveil,
Ta portion accoutumée :
Il ne saurait tarder beaucoup. »
Sur ces entrefaites un Loup
Sort du bois, et s'en vient : autre bête affamée.
L'Âne appelle aussitôt le Chien à son secours.
Le Chien ne bouge, et dit : « Ami, je te conseille
De fuir en attendant que ton maître s'éveille ;
Il ne saurait tarder : détale vite, et cours.
Que si ce Loup t'atteint, casse-lui la mâchoire :
On t'a ferré de neuf[4] ; et, si tu veux m'en croire,
Tu l'étendras tout plat. » Pendant ce beau discours,
Seigneur Loup étrangla le Baudet sans remède.
Je conclus qu'il faut qu'on s'entraide.

Fable XVII – 1. Variante de « dîner ».
2. Pas un mot.
3. Cette expression désigne l'âne.
4. On t'a mis de nouveaux fers aux sabots.

Livre huitième

XVIII

Le Bassa et le Marchand

Un Marchand grec en certaine contrée
Faisait trafic[1]. Un Bassa[2] l'appuyait ;
De quoi le Grec en bassa le payait,
Non en Marchand : tant c'est chère denrée
Qu'un protecteur ! Celui-ci coûtait tant,
Que notre Grec s'allait partout plaignant.
Trois autres Turcs, d'un rang moindre en puissance,
Lui vont offrir leur support[3] en commun.
Eux trois voulaient moins de reconnaissance[4]
Qu'à ce Marchand il n'en coûtait pour un.
Le Grec écoute ; avec eux il s'engage ;
Et le Bassa du tout est averti[5].
Même on lui dit qu'il jouera, s'il est sage,
À ces gens-là quelque méchant parti[6],
Les prévenant[7], les chargeant d'un message
Pour Mahomet, droit en son paradis,
Et sans tarder. Sinon, ces gens unis
Le préviendront, bien certains qu'à la ronde
Il a des gens tout prêts pour le venger ;
Quelque poison l'enverra protéger
Les trafiquants qui sont en l'autre monde.
Sur cet avis le Turc se comporta
Comme Alexandre[8] ; et, plein de confiance,
Chez le Marchand tout droit il s'en alla,
Se mit à table. On vit tant d'assurance

---

1. Commerce.
2. Un pacha, gouverneur de province en Turquie.
3. Leur protection, leur service.
4. À eux trois, les protecteurs demandent moins d'argent que le Bassa.
5. N'est pas prévenu.
6. Tour.
7. Agissant avant eux : c'est lui qui pourrait les expédier chez Mahomet. S'il n'agit pas, en revanche, c'est eux qui, ligués contre lui, pourraient le tuer.
8. D'après l'historien grec Plutarque, ce roi de Macédoine but sans hésiter la potion que lui avait préparée son médecin, pourtant accusé de vouloir l'empoisonner.

Livre huitième

En ces discours et dans tout son maintien,
Qu'on ne crut point qu'il se doutât de rien[9].
« Ami, dit-il, je sais que tu me quittes ;
Même l'on veut que j'en craigne les suites ;
Mais je te crois un trop homme de bien ;
Tu n'as point l'air d'un donneur de breuvage[10].
Je n'en dis pas là-dessus davantage.
Quant à ces gens qui pensent t'appuyer,
Écoute-moi. Sans tant de dialogue,
Et de raisons qui pourraient t'ennuyer,
Je ne te veux conter qu'un apologue[11].

Il était un Berger, son Chien, et son troupeau.
Quelqu'un lui demanda ce qu'il prétendait faire
   D'un Dogue[12] de qui l'ordinaire[13]
Était un pain entier. Il fallait bien et beau
Donner cet animal au seigneur du village.
   Lui, Berger, pour plus de ménage[14]
   Aurait deux ou trois mâtineaux[15],
Qui, lui dépensant moins, veilleraient aux troupeaux
   Bien mieux que cette bête seule.
Il mangeait plus que trois ; mais on ne disait pas
   Qu'il avait aussi triple gueule
   Quand les loups livraient des combats.
Le Berger s'en défait ; il prend trois chiens de taille
À lui dépenser moins, mais à fuir la bataille.
Le troupeau s'en sentit, et tu te sentiras
   Du choix de semblable canaille[16].
Si tu fais bien, tu reviendras à moi. »
Le Grec le crut. Ceci montre aux Provinces
Que, tout compté, mieux vaut en bonne foi,

---

9. Qu'il se doutât de quelque chose.
10. Boisson et poison.
11. Une fable.
12. Chien de combat.
13. Le repas habituel.
14. Économie, gestion des revenus.
15. Diminutif de mâtins, chiens de garde.
16. Bande de chiens (du latin *canis*).

Livre huitième

S'abandonner à quelque puissant roi,
Que s'appuyer de plusieurs petits princes.

XIX

L'avantage de la science

Entre deux Bourgeois d'une ville
S'émut jadis un différend[1].
L'un était pauvre, mais habile ;
L'autre, riche, mais ignorant.
Celui-ci sur son concurrent
Voulait emporter l'avantage ;
Prétendait que tout homme sage
Était tenu de l'honorer.
C'était tout homme sot ; car pourquoi révérer
10   Des biens dépourvus de mérite ?
La raison m'en semble petite.
« Mon ami, disait-il souvent
             Au savant,
Vous vous croyez considérable ;
Mais, dites-moi, tenez-vous table[2] ?
Que sert à vos pareils de lire incessamment ?
Ils sont toujours logés à la troisième chambre[3],
Vêtus au mois de juin comme au mois de décembre,
Ayant pour tout laquais leur ombre seulement.
20   La République a bien affaire
De gens qui ne dépensent rien !
Je ne sais d'homme nécessaire
Que celui dont le luxe épand beaucoup de bien.
Nous en usons, Dieu sait ! notre plaisir occupe
L'artisan, le vendeur, celui qui fait la jupe,

Fable XIX – 1. « S'émut [...] un différend » : s'éleva une dispute.
2. Recevez-vous des invités pour le repas ?
3. Une chambre au troisième étage, sous les toits. La Fontaine a parfois occupé ce type de logement, lorsqu'il était sous la protection de Mme de la Sablière.

Livre huitième

>   Et celle qui la porte, et vous, qui dédiez
>   À Messieurs les gens de finance
>   De méchants livres bien payés. »
>   Ces mots remplis d'impertinence
> 30   Eurent le sort qu'ils méritaient.
> L'homme lettré se tut, il avait trop à dire.
> La guerre le vengea bien mieux qu'une satire.
> Mars[4] détruisit le lieu que nos gens habitaient :
>   L'un et l'autre quitta sa ville.
>   L'ignorant resta sans asile ;
>   Il reçut partout des mépris :
> L'autre reçut partout quelque faveur nouvelle :
>   Cela décida leur querelle.
> Laissez dire les sots ; le savoir a son prix.

XX

Jupiter et les Tonnerres

>   Jupiter, voyant nos fautes,
>   Dit un jour du haut des airs :
>   « Remplissons de nouveaux hôtes
>   Les cantons de l'Univers
>   Habités par cette race
>   Qui m'importune et me lasse.
>   Va-t'en, Mercure[1], aux Enfers :
>   Amène-moi la Furie[2]
>   La plus cruelle des trois.

---

4. Dieu romain de la guerre.
Fable XX – 1. Messager des dieux, aux sandales ailées.
2. Les Furies (ou Euménides, appelées en grec « les bienveillantes » par antiphrase) sont trois divinités infernales, Alecton, Tisiphone et Mégère, qui tourmentent les coupables.

Le mécénat

Cette fable rappelle la condition des artistes. En l'absence de droits d'auteur, les écrivains vivent surtout des pensions royales ou de la générosité de mécènes. Il s'agit le plus souvent de riches courtisans en quête de prestige. Ils accordent le gîte et le couvert, parfois une pension, à des artistes qui les célèbrent dans leurs œuvres.

Livre huitième

Race que j'ai trop chérie,
Tu périras cette fois ! »
Jupiter ne tarda guère
À modérer son transport[3].
Ô vous, rois, qu'il voulut faire
Arbitres de notre sort,
Laissez, entre la colère
Et l'orage qui la suit,
L'intervalle d'une nuit.
Le Dieu dont l'aile est légère,
Et la langue a des douceurs,
Alla voir les noires sœurs.
À Tisiphone et Mégère
Il préféra, ce dit-on,
L'impitoyable Alecton.
Ce choix la rendit si fière,
Qu'elle jura par Pluton[4]
Que toute l'engeance[5] humaine
Serait bientôt du domaine
Des Déités de là-bas[6].
Jupiter n'approuva pas
Le serment de l'Euménide.
Il la renvoie ; et pourtant
Il lance un foudre à l'instant
Sur certain peuple perfide.
Le tonnerre, ayant pour guide
Le père[7] même de ceux
Qu'il menaçait de ses feux,
Se contenta de leur crainte[8] ;
Il n'embrasa que l'enceinte[9]

---

3. Forte colère.
4. Dieu des Enfers.
5. Terme péjoratif pour designer l'espèce, la race.
6. « Là-bas » désigne les Enfers.
7. Il s'agit de Jupiter, « père » des hommes et des dieux.
8. Leur fit plus de peur que de mal.
9. L'étendue.

Livre huitième

40
D'un désert inhabité :
Tout père frappe à côté.
Qu'arriva-t-il ? Notre engeance[10]
Prit pied[11] sur cette indulgence.
Tout l'Olympe[12] s'en plaignit ;
Et l'assembleur de nuages[13]
Jura le Styx[14], et promit
De former d'autres orages :
Ils seraient sûrs. On sourit ;
On lui dit qu'il était père,
50
Et qu'il laissât, pour le mieux,
À quelqu'un des autres Dieux
D'autres tonnerres à faire.
Vulcan[15] entreprit l'affaire.
Ce Dieu remplit ses fourneaux
De deux sortes de carreaux[16].
L'un jamais ne se fourvoie[17] ;
Et c'est celui que toujours
L'Olympe en corps[18] nous envoie :
L'autre s'écarte en son cours ;
60
Ce n'est qu'aux monts qu'il en coûte ;
Bien souvent même il se perd,
Et ce dernier en sa route
Nous vient du seul Jupiter.

---

10. Voir note 5.
11. S'appuya.
12. Montagne où séjournent les dieux.
13. Jupiter.
14. Jura sur le Styx, fleuve des Enfers.
15. Vulcan, ou Vulcain, est le dieu forgeron, maître du feu.
16. Sortes de flèches à pointe carrée qu'on lance avec une arbalète.
17. S'égare, se trompe.
18. Collectivement.

Une fable mythologique

Cette fable a un sens assez obscur pour le lecteur d'aujourd'hui. En montrant que certains dieux menacent les hommes quand Jupiter les épargne, La Fontaine donne peut-être un sens politique à son texte. C'est ce que suggère Voltaire dans le *Dictionnaire philosophique* : « Voulait-on dire que les ministres de Louis XIV étaient inflexibles et que le roi pardonnait ? »

Livre huitième

XXI

Le Faucon et le Chapon

Une traîtresse voix bien souvent vous appelle ;
    Ne vous pressez donc nullement.
Ce n'était pas un sot, non, non, et croyez-m'en,
    Que le Chien de Jean de Nivelle.
Un citoyen du Mans, chapon[1] de son métier,
    Était sommé de comparaître
    Par-devant les lares[2] du maître,
Au pied d'un tribunal que nous nommons foyer.
Tous les gens lui criaient, pour déguiser la chose :
10 « Petit, petit, petit ! » Mais, loin de s'y fier,
Le Normand et demi[3] laissait les gens crier.
« Serviteur[4], disait-il ; votre appât est grossier :
    On ne m'y tient pas ; et pour cause. »
Cependant un Faucon sur sa perche voyait
    Notre Manceau qui s'enfuyait.
Les chapons ont en nous fort peu de confiance,
    Soit instinct, soit expérience.
Celui-ci, qui ne fut qu'avec peine attrapé,
Devait, le lendemain, être d'un grand soupé[5],
20 Fort à l'aise en un plat, honneur dont la volaille
    Se serait passée aisément.
L'oiseau chasseur lui dit : « Ton peu d'entendement
Me rend tout étonné. Vous n'êtes que racaille,
Gens grossiers, sans esprit, à qui l'on n'apprend rien.

---

1. Jeune coq châtré, bien gras, volaille de choix.
2. Les Lares sont les divinités du foyer. Le chapon est sommé de comparaître devant un tribunal, qui n'est autre que le tournebroche.
3. Les habitants du Mans avaient la réputation d'être encore plus méfiants que les Normands.
4. Je suis votre serviteur, formule de politesse, employée ici ironiquement.
5. Autre orthographe du nom « souper ».

Le chien de Jean de Nivelle

Jean de Nivelle (1422-1477) refusa de faire la guerre aux côtés du roi de France, Louis XI. Cela entraîna le mépris de la population qui le traita de chien, ce qui donna lieu à l'expression proverbiale : « le chien de Nivelle qui fuit quand on l'appelle. » Par la suite, on imagina que l'expression faisait vraiment référence à un chien. Ici, c'est le chapon qui fuit ; mais loin de le mépriser, La Fontaine le défend.

Pour moi, je sais chasser, et revenir au maître.
      Le vois-tu pas à la fenêtre ?
Il t'attend : es-tu sourd ? – Je n'entends que trop bien,
Repartit le Chapon. Mais que me veut-il dire,
Et ce beau cuisinier armé d'un grand couteau ?
      Reviendrais-tu pour cet appeau[6] ?
      Laisse-moi fuir ; cesse de rire
De l'indocilité qui me fait envoler,
Lorsque d'un ton si doux on s'en vient m'appeler.
      Si tu voyais mettre à la broche
      Tous les jours autant de faucons
      Que j'y vois mettre de chapons,
Tu ne me ferais pas un semblable reproche. »

XXII

Le Chat et le Rat

Quatre animaux divers, le Chat Grippe-fromage,
Triste-oiseau le Hibou, Ronge-maille le Rat,
      Dame Belette au long corsage[1],
      Toutes gens d'esprit scélérat,
Hantaient le tronc pourri d'un pin vieux et sauvage.
Tant y furent, qu'un soir à l'entour de ce pin
L'homme tendit ses rets[2]. Le Chat, de grand matin
      Sort pour aller chercher sa proie.
Les derniers traits de l'ombre empêchent qu'il ne voie
Le filet : il y tombe en danger de mourir ;
Et mon Chat de crier, et le Rat d'accourir,
L'un plein de désespoir, et l'autre plein de joie :
Il voyait dans les lacs son mortel ennemi.

---

6. Leurre pour attirer des oiseaux à la chasse. C'est aussi une forme vieillie du mot « appel ».

Fable XXII – 1. Désigne la forme allongée de la belette. La Fontaine caractérise ainsi l'animal.
2. Filets.

Livre huitième

>Le pauvre Chat dit : « Cher ami,
>Les marques de ta bienveillance
>Sont communes³ en mon endroit ;
>Viens m'aider à sortir du piège où l'ignorance
>M'a fait tomber. C'est à bon droit
>Que seul entre les tiens, par amour singulière,
>Je t'ai toujours choyé, t'aimant comme mes yeux.
>Je n'en ai point regret, et j'en rends grâce aux Dieux.
>J'allais leur faire ma prière ;
>Comme tout dévot⁴ Chat en use les matins.
>Ce réseau⁵ me retient : ma vie est en tes mains ;
>Viens dissoudre ces nœuds. – Et quelle récompense
>En aurai-je ? reprit le Rat.
>– Je jure éternelle alliance
>Avec toi, repartit le Chat.
>Dispose de ma griffe, et sois en assurance :
>Envers et contre tous je te protégerai,
>Et la Belette mangerai
>Avec l'époux de la Chouette :
>Ils t'en veulent tous deux. » Le Rat dit : « Idiot !
>Moi ton libérateur ? je ne suis pas si sot. »
>Puis il s'en va vers sa retraite.
>La Belette était près du trou.
>Le Rat grimpe plus haut ; il y voit le Hibou.
>Dangers de toutes parts : le plus pressant l'emporte.
>Ronge-maille retourne au Chat, et fait en sorte
>Qu'il détache un chaînon, puis un autre, et puis tant,
>Qu'il dégage enfin l'hypocrite.
>L'homme paraît en cet instant ;
>Les nouveaux alliés prennent tous deux la fuite.
>À quelque temps de là, notre Chat vit de loin
>Son Rat qui se tenait à l'erte⁶ et sur ses gardes :
>« Ah ! mon frère, dit-il, viens m'embrasser ; ton soin⁷

---

3. Fréquentes.
4. Religieux.
5. Filets.
6. En alerte.
7. Inquiétude.

Me fait injure ; tu regardes
Comme ennemi ton allié.
Penses-tu que j'aie oublié
Qu'après Dieu je te dois la vie ?
– Et moi, reprit le Rat, penses-tu que j'oublie
Ton naturel ? Aucun traité
Peut-il forcer un chat à la reconnaissance ?
S'assure-t-on sur l'alliance
Qu'a faite la nécessité ? »

XXIII

Le Torrent et la Rivière

Avec grand bruit et grand fracas
Un Torrent tombait des montagnes :
Tout fuyait devant lui ; l'horreur suivait ses pas ;
Il faisait trembler les campagnes.
Nul voyageur n'osait passer
Une barrière si puissante ;
Un seul vit des voleurs ; et se sentant presser,
Il mit entre eux et lui cette onde menaçante.
Ce n'était que menace et bruit sans profondeur :
Notre homme enfin n'eut que la peur.
Ce succès lui donnant courage,
Et les mêmes voleurs le poursuivant toujours,
Il rencontra sur son passage
Une Rivière dont le cours
Image d'un sommeil doux, paisible, et tranquille,
Lui fit croire d'abord ce trajet fort facile :
Point de bords escarpés, un sable pur et net.
Il entre ; et son cheval le met
À couvert des voleurs, mais non de l'onde noire :

Livre huitième

20
        Tous deux au Styx[1] allèrent boire ;
        Tous deux, à nager malheureux,
Allèrent traverser, au séjour ténébreux,
        Bien d'autres fleuves[2] que les nôtres.
        Les gens sans bruit sont dangereux :
        Il n'en est pas ainsi des autres.

XXIV

L'Éducation

Laridon et César, frères dont l'origine
Venait de chiens fameux, beaux, bien faits et hardis,
À deux maîtres divers échus[1] au temps jadis,
Hantaient, l'un les forêts, et l'autre la cuisine.
Ils avaient eu d'abord chacun un autre nom ;
        Mais la diverse nourriture[2]
Fortifiant en l'un cette heureuse nature,
En l'autre l'altérant, un certain marmiton[3]
        Nomma celui-ci Laridon.
10 Son frère, ayant couru mainte haute aventure,
Mis maint cerf aux abois[4], maint sanglier abattu,
Fut le premier César que la gent chienne ait eu.
On eut soin d'empêcher qu'une indigne maîtresse
Ne fît en ses enfants dégénérer son sang.
Laridon négligé témoignait sa tendresse
        À l'objet le premier passant.
        Il peupla tout de son engeance[5] :

---

1. Dans la mythologie, le fleuve qu'on traverse pour se rendre aux Enfers.
2. Les autres fleuves des Enfers : l'Achéron, le Cocyte, le Léthé.

Fable XXIV – 1. Attribués par hasard.
2. Ici, l'éducation.
3. Apprenti cuisinier.
4. Moment où le cerf est cerné par les chiens et n'a plus d'issue.
5. Terme péjoratif pour désigner l'espèce.

Tournebroches[6] par lui rendus communs en France
Y font un corps à part, gens fuyants les hasards,
      Peuple antipode[7] des Césars.
On ne suit pas toujours ses aïeux ni son père :
Le peu de soin, le temps, tout fait qu'on dégénère.
Faute de cultiver la nature et ses dons,
Oh ! combien de Césars deviendront Laridons !

XXV

Les deux Chiens et l'Âne mort

    Les vertus devraient être sœurs,
    Ainsi que les vices sont frères.
Dès que l'un de ceux-ci s'empare de nos cœurs,
Tous viennent à la file ; il ne s'en manque guères :
  J'entends de ceux qui, n'étant pas contraires,
    Peuvent loger sous même toit.
À l'égard des vertus, rarement on les voit
Toutes en un sujet éminemment[1] placées,
Se tenir par la main sans être dispersées.
L'un est vaillant, mais prompt[2] ; l'autre est prudent, mais froid.

Parmi les animaux, le Chien se pique d'être
    Soigneux et fidèle à son maître ;
    Mais il est sot, il est gourmand :
Témoin ces deux mâtins[3] qui, dans l'éloignement[4],
Virent un Âne mort qui flottait sur les ondes.
Le vent de plus en plus l'éloignait de nos Chiens.
« Ami, dit l'un, tes yeux sont meilleurs que les miens.
Porte un peu tes regards sur ces plaines profondes ;

---

6. Des chiens sont placés dans une roue pour faire tourner une broche et ainsi faire rôtir une viande.
7. Opposé à.

Fable XXV – 1. À un très haut degré.
2. Il se met vite en colère.
3. Chiens.
4. Au loin.

Livre huitième

J'y crois voir quelque chose. Est-ce un bœuf, un cheval ?
– Hé ! qu'importe quel animal ?
Dit l'un de ces mâtins ; voilà toujours curée[5].
Le point[6] est de l'avoir ; car le trajet est grand ;
Et de plus il nous faut nager contre le vent.
Buvons toute cette eau ; notre gorge altérée
En viendra bien à bout : ce corps demeurera
Bientôt à sec, et ce sera
Provision pour la semaine. »
Voilà mes Chiens à boire ; ils perdirent l'haleine,
Et puis la vie ; ils firent tant
Qu'on les vit crever à l'instant.

L'homme est ainsi bâti : quand un sujet l'enflamme,
L'impossibilité disparaît à son âme.
Combien fait-il de vœux, combien perd-il de pas,
S'outrant[7] pour acquérir des biens ou de la gloire ?
Si j'arrondissais mes États !
Si je pouvais remplir mes coffres de ducats[8] !
Si j'apprenais l'hébreu, les sciences, l'histoire !
Tout cela, c'est la mer à boire ;
Mais rien à l'homme ne suffit.
Pour fournir aux projets que forme un seul esprit,
Il faudrait quatre corps ; encor, loin d'y suffire,
À mi-chemin je crois que tous demeureraient :
Quatre Mathusalems[9] bout à bout ne pourraient
Mettre à fin ce qu'un seul désire.

---

5. Morceaux de viande que l'on donne aux chiens à la fin de la chasse.
6. La difficulté.
7. Se fatigant exagérément.
8. Pièces d'or.
9. Personnage biblique qui aurait vécu presque mille ans.

Livre huitième

XXVI

Démocrite et les Abdéritains

Que j'ai toujours haï les pensers du vulgaire[1] !
Qu'il me semble profane[2], injuste, et téméraire,
Mettant de faux milieux[3] entre la chose et lui,
Et mesurant par soi ce qu'il voit en autrui !
Le maître d'Épicure[4] en fit l'apprentissage.
Son pays le crut fou. Petits esprits ! Mais quoi ?
      Aucun n'est prophète chez soi.
Ces gens étaient les fous, Démocrite, le sage.
L'erreur alla si loin qu'Abdère[5] députa[6]
      Vers Hippocrate, et l'invita,
      Par lettres et par ambassade,
À venir rétablir la raison du malade.
« Notre concitoyen, disaient-ils en pleurant,
Perd l'esprit : la lecture a gâté[7] Démocrite.
Nous l'estimerions plus s'il était ignorant.
« Aucun nombre, dit-il, les mondes ne limite :
    « Peut-être même ils sont remplis
    « De Démocrites infinis. »
Non content de ce songe, il y joint les atomes,
Enfants d'un cerveau creux, invisibles fantômes ;
Et, mesurant les cieux sans bouger d'ici-bas,
Il connaît l'Univers, et ne se connaît pas.

---

1. Le peuple, la foule.
2. Qui n'est pas religieux. Il désigne plus largement celui qui n'est pas initié, donc ignorant.
3. Terme d'optique : verres déformants.
4. Démocrite.
5. Cité maritime dans laquelle une école philosophique fut fondée.
6. Envoya un ambassadeur.
7. Altéré, abimé (en parlant de son esprit).

Démocrite et Hippocrate

Il existe des lettres dans lesquelles le Sénat et le peuple abdère demandent à Hippocrate, le grand médecin grec qui a donné son nom au serment d'Hippocrate, de venir « soigner » le philosophe grec Démocrite (v^e-ive siècle av. J.-C.). On le tenait pour fou car il défendait une conception matérialiste de l'univers, composé selon lui d'atomes et de vide. Démocrite est considéré aujourd'hui comme le père de la science moderne.

Livre huitième

Un temps fut qu'il savait accorder les débats[8] :
    Maintenant il parle à lui-même.
Venez, divin mortel ; sa folie est extrême. »
Hippocrate n'eut pas trop de foi[9] pour ces gens ;
Cependant il partit. Et voyez, je vous prie,
    Quelles rencontres dans la vie
Le sort cause ! Hippocrate arriva dans le temps
30 Que celui qu'on disait n'avoir raison ni sens
    Cherchait dans l'homme et dans la bête
Quel siège a la raison, soit le cœur, soit la tête.
Sous un ombrage épais, assis près d'un ruisseau,
    Les labyrinthes d'un cerveau
L'occupaient. Il avait à ses pieds maint volume[10],
Et ne vit presque pas son ami s'avancer,
    Attaché[11] selon sa coutume[12].
Leur compliment fut court, ainsi qu'on peut penser.
Le sage est ménager[13] du temps et des paroles.
40 Ayant donc mis à part les entretiens frivoles,
Et beaucoup raisonné sur l'homme et sur l'esprit,
    Ils tombèrent sur la morale.
    Il n'est pas besoin que j'étale
    Tout ce que l'un et l'autre dit.
    Le récit précédent suffit
Pour montrer que le peuple est juge récusable[14].
    En quel sens est donc véritable
    Ce que j'ai lu dans certain lieu,
    Que sa voix est la voix de Dieu[15] ?

---

8. Mettre un terme aux disputes.
9. Ne leur fit pas tellement confiance.
10. Livre.
11. Absorbé par ses pensées.
12. Comme à son habitude.
13. Économe.
14. Dont le jugement est contestable.
15. Référence à la formule latine *Vox populi, vox dei*, généralement traduite par « La voix du peuple est la voix de Dieu ».

XXVII

Le Loup et le Chasseur

Fureur d'accumuler, monstre de qui les yeux
Regardent comme un point[1] tous les bienfaits des Dieux,
Te combattrai-je en vain sans cesse en cet ouvrage ?
Quel temps demandes-tu pour suivre mes leçons ?
L'homme, sourd à ma voix comme à celle du sage,
Ne dira-t-il jamais : « C'est assez, jouissons » ?
– Hâte-toi, mon ami, tu n'as pas tant à vivre.
Je te rebats ce mot[2], car il vaut tout un livre :
Jouis. – Je le ferai. – Mais quand donc ? – Dès demain.
– Eh ! mon ami, la mort te peut prendre en chemin :
Jouis dès aujourd'hui ; redoute un sort semblable
À celui du Chasseur et du Loup de ma fable.

Le premier de son arc avait mis bas[3] un daim.
Un faon de biche passe, et le voilà soudain
Compagnon du défunt : tous deux gisent sur l'herbe.
La proie était honnête, un daim avec un faon ;
Tout modeste chasseur en eût été content.
Cependant un sanglier, monstre énorme et superbe,
Tente encore notre archer, friand de tels morceaux.
Autre habitant du Styx[4] : la Parque[5] et ses ciseaux
Avec peine y mordaient ; la Déesse infernale
Reprit à plusieurs fois l'heure au monstre fatale.
De la force du coup pourtant il s'abattit.
C'était assez de biens. Mais quoi ! rien ne remplit
Les vastes appétits d'un faiseur de conquêtes.
Dans le temps que le porc revient à soi, l'Archer
Voit le long d'un sillon une perdrix marcher ;

---

1. Peu de chose.
2. Je te le répète sans cesse.
3. Avait tué.
4. Fleuve qu'on traverse pour accéder aux Enfers.
5. Divinité qui décide du destin des hommes.

Livre huitième

        Surcroît chétif[6] aux autres têtes.
De son arc toutefois il bande les ressorts.
30 Le sanglier, rappelant les restes de sa vie,
Vient à lui, le découd[7], meurt vengé sur son corps ;
        Et la perdrix le remercie.

Cette part du récit s'adresse au Convoiteux ;
L'Avare aura pour lui le reste de l'exemple.

Un Loup vit, en passant, ce spectacle piteux[8] :
« Ô fortune, dit-il, je te promets un temple.
Quatre corps étendus ! que de biens ! mais pourtant
Il faut les ménager[9], ces rencontres sont rares.
        (Ainsi s'excusent les avares.)
40 J'en aurai, dit le Loup, pour un mois, pour autant[10] :
Un, deux, trois, quatre corps, ce sont quatre semaines,
        Si je sais compter, toutes pleines.
Commençons dans deux jours ; et mangeons cependant
La corde de cet arc : il faut que l'on l'ait faite
De vrai boyau ; l'odeur me le témoigne assez. »
        En disant ces mots, il se jette
Sur l'arc qui se détend, et fait de la sagette[11]
Un nouveau mort : mon Loup a les boyaux percés.
Je reviens à mon texte. Il faut que l'on jouisse ;
50 Témoin ces deux gloutons punis d'un sort commun :
        La convoitise perdit l'un ;
        L'autre périt par l'avarice.

---

6. Supplément de peu d'importance.
7. Lui ouvre le ventre.
8. Qui suscite la pitié.
9. Économiser.
10. Au moins.
11. Flèche.

LIVRE NEUVIÈME

I

Le Dépositaire infidèle

Grâce aux Filles de Mémoire[1],
J'ai chanté des animaux :
Peut-être d'autres héros
M'auraient acquis moins de gloire.
Le Loup, en langue des Dieux[2],
Parle au Chien dans mes ouvrages ;
Les bêtes, à qui mieux mieux,
Y font divers personnages,
Les uns fous, les autres sages,
De telle sorte pourtant
Que les fous vont l'emportant :
La mesure en est plus pleine.
Je mets aussi sur la scène
Des trompeurs, des scélérats,
Des tyrans, et des ingrats,
Mainte imprudente pécore[3],
Force sots, force flatteurs ;
Je pourrais y joindre encore
Des légions de menteurs :
« Tout homme ment[4] », dit le Sage.
S'il n'y mettait seulement
Que les gens du bas étage[5],

---

1. Les neuf Muses, filles de Zeus et de Mnémosyne, déesse de la mémoire, représentent les arts : éloquence, rhétorique, histoire, poésie lyrique, musique, tragédie, danse, comédie et astronomie.
2. En vers.
3. Jeune fille prétentieuse et stupide.
4. Citation biblique attribuée au Roi David (Psaume CXVI).
5. Du peuple.

Livre neuvième

On pourrait aucunement[6]
Souffrir[7] ce défaut aux hommes ;
Mais que tous tant que nous sommes
Nous mentions, grand et petit,
Si quelque autre l'avait dit,
Je soutiendrais le contraire ;
Et même qui mentirait
Comme Ésope[8] et comme Homère[9],
Un vrai menteur ne serait.
Le doux charme de maint songe
Par leur bel art inventé,
Sous les habits du mensonge
Nous offre la vérité.
L'un et l'autre a fait un livre
Que je tiens digne de vivre
Sans fin, et plus, s'il se peut.
Comme eux ne ment pas qui veut.
Mais mentir comme sut faire
Un certain dépositaire,
Payé par son propre mot,
Est d'un méchant, et d'un sot.
Voici le fait : Un trafiquant[10] de Perse,
Chez son voisin, s'en allant en commerce,
Mit en dépôt un cent[11] de fer un jour.
« Mon fer ! dit-il, quand il fut de retour.
– Votre fer ? il n'est plus : j'ai regret de vous dire
Qu'un rat l'a mangé tout entier.
J'en ai grondé mes gens : mais qu'y faire ? Un grenier
A toujours quelque trou. » Le trafiquant admire[12]
Un tel prodige, et feint de le croire pourtant.
Au bout de quelques jours, il détourne l'enfant

---

6. D'une certaine façon, dans une certaine mesure.
7. Supporter.
8. Fabuliste grec du vɪᵉ siècle avant J.-C., traditionnellement considéré comme le père de la fable.
9. Auteur de l'*Iliade* et de l'*Odyssée*, au vɪɪɪᵉ siècle av. J.-C.
10. Commerçant.
11. Unité de mesure de poids, qui correspond à cent livres, soit environ 50 kg.
12. S'étonne.

Du perfide voisin ; puis à souper convie
Le père, qui s'excuse, et lui dit en pleurant :
« Dispensez-moi, je vous supplie ;
Tous plaisirs pour moi sont perdus.
J'aimais un fils plus que ma vie :
Je n'ai que lui ; que dis-je ? hélas ! je ne l'ai plus.
On me l'a dérobé. Plaignez mon infortune. »
Le marchand repartit : « Hier au soir, sur la brune[13],
Un chat-huant[14] s'en vint votre fils enlever.
Vers un vieux bâtiment je le lui vis porter. »
Le père dit : « Comment voulez-vous que je croie
Qu'un hibou pût jamais emporter cette proie ?
Mon fils en un besoin[15] eût pris le chat-huant.
– Je ne vous dirai point, reprit l'autre, comment :
Mais enfin je l'ai vu, vu de mes yeux, vous dis-je,
Et ne vois rien qui vous oblige
D'en douter un moment après ce que je dis.
Faut-il que vous trouviez étrange
Que les chats-huants d'un pays
Où le quintal de fer par un seul rat se mange,
Enlèvent un garçon qui pèse un demi-cent[16] ? »
L'autre vit où tendait cette feinte aventure.
Il rendit le fer au marchand,
Qui lui rendit sa géniture[17].

Même dispute advint entre deux voyageurs.
L'un d'eux était de ces conteurs
Qui n'ont jamais rien vu qu'avec un microscope.
Tout est géant chez eux. Écoutez-les, l'Europe,
Comme l'Afrique, aura des monstres à foison.
Celui-ci se croyait l'hyperbole[18] permise.

---

13. À la tombée de la nuit.
14. Rapace nocturne.
15. Au besoin.
16. La moitié de cent livres, soit environ 25 kilos.
17. Sa progéniture, son enfant.
18. Figure rhétorique d'exagération.

« J'ai vu, dit-il, un chou plus grand qu'une maison.
– Et moi, dit l'autre, un pot aussi grand qu'une église. »
Le premier se moquant, l'autre reprit : « Tout doux ;
    On le fit pour cuire vos choux. »

L'homme au pot fut plaisant ; l'homme au fer fut habile.
Quand l'absurde est outré[19], l'on lui fait trop d'honneur
De vouloir par raison combattre son erreur ;
Enchérir[20] est plus court, sans s'échauffer la bile[21].

II

Les deux Pigeons

    Deux Pigeons s'aimaient d'amour tendre :
    L'un d'eux, s'ennuyant au logis,
    Fut assez fou pour entreprendre
    Un voyage en lointain pays.
    L'autre lui dit : « Qu'allez-vous faire ?
    Voulez-vous quitter votre frère ?
    L'absence est le plus grand des maux :
Non pas pour vous, cruel. Au moins, que les travaux,
    Les dangers, les soins[1] du voyage,
    Changent un peu votre courage.
Encore, si la saison s'avançait davantage !
Attendez les zéphyrs[2] : qui vous presse ? Un corbeau
Tout à l'heure annonçait malheur à quelque oiseau.
Je ne songerai plus que rencontre funeste,
Que faucons, que réseaux[3]. "Hélas, dirai-je, il pleut :
    Mon frère a-t-il tout ce qu'il veut,
    Bon soupé, bon gîte, et le reste ?" »
    Ce discours ébranla le cœur

---

19. Exagéré.
20. En rajouter.
21. Se mettre en colère.

Fable II – 1. Les soucis du voyage.
2. Vent doux du Sud.

3. Filets pour capturer les animaux.

De notre imprudent voyageur ;
Mais le désir de voir et l'humeur inquiète[4]
L'emportèrent enfin. Il dit : « Ne pleurez point :
Trois jours au plus rendront mon âme satisfaite :
Je reviendrai dans peu conter de point en point
      Mes aventures à mon frère.
Je le désennuierai. Quiconque ne voit guère
N'a guère à dire aussi. Mon voyage dépeint
      Vous sera d'un plaisir extrême.
Je dirai : "J'étais là ; telle chose m'advint."
      Vous y croirez être vous-même. »
À ces mots, en pleurant, ils se dirent adieu.
Le voyageur s'éloigne : et voilà qu'un nuage
L'oblige de chercher retraite en quelque lieu.
Un seul arbre s'offrit, tel encore que l'orage
Maltraita le Pigeon en dépit du feuillage.
L'air devenu serein, il part tout morfondu[5],
Sèche du mieux qu'il peut son corps chargé de pluie ;
Dans un champ à l'écart voit du blé répandu,
Voit un pigeon auprès : cela lui donne envie ;
Il y vole, il est pris : ce blé couvrait d'un lacs[6],
      Les menteurs et traîtres appas.
Le lacs était usé ; si bien que, de son aile,
De ses pieds, de son bec, l'oiseau le rompt enfin :
Quelque plume y périt, et le pis[7] du destin
Fut qu'un certain vautour, à la serre cruelle,
Vit notre malheureux, qui, traînant la ficelle
Et les morceaux du lacs qui l'avait attrapé,
      Semblait un forçat échappé.
Le vautour s'en allait le lier, quand des nues[8]
Fond à son tour un aigle aux ailes étendues.
Le Pigeon profita du conflit des voleurs,
S'envola, s'abattit auprès d'une masure,
      Crut, pour ce coup, que ses malheurs

---

4. Souhaitant se déplacer et voyager ; qui ne tient pas en place.
5. Transi de froid.
6. Les filets, le piège.
7. Pire.
8. Du ciel.

Livre neuvième

Finiraient par cette aventure ;
Mais un fripon d'enfant (cet âge est sans pitié)
Prit sa fronde, et du coup tua plus d'à moitié
La volatile malheureuse,
Qui, maudissant sa curiosité,
Traînant l'aile et tirant le pied,
Demi-morte et demi-boiteuse,
Droit au logis s'en retourna :
Que bien, que mal[9], elle arriva,
Sans autre aventure fâcheuse.
Voilà nos gens rejoints ; et je laisse à juger
De combien de plaisirs ils payèrent leurs peines.

Amants, heureux amants, voulez-vous voyager ?
Que ce soit aux rives prochaines ;
Soyez-vous l'un à l'autre un monde toujours beau,
Toujours divers, toujours nouveau ;
Tenez-vous lieu de tout, comptez pour rien le reste.
J'ai quelquefois aimé : je n'aurais pas alors,
Contre le Louvre[10] et ses trésors,
Contre le firmament et sa voûte céleste,
Changé les bois, changé les lieux
Honorés par les pas, éclairés par les yeux
De l'aimable et jeune bergère
Pour qui, sous le fils de Cythère[11],
Je servis, engagé par mes premiers serments.
Hélas ! quand reviendront de semblables moments ?
Faut-il que tant d'objets si doux et si charmants
Me laissent vivre au gré de mon âme inquiète ?
Ah ! si mon cœur osait encore se renflammer !
Ne sentirai-je plus de charme qui m'arrête ?
Ai-je passé le temps d'aimer ?

---

9. Tant bien que mal.
10. Ancien palais des rois de France.
11. Cupidon, fils de Vénus et dieu de l'amour.

Cythère

Selon la mythologie, c'est sur l'île de Cythère, dans le Péloponnèse, qu'aborda Aphrodite lorsqu'elle naquit de l'écume de mer ; l'île devint alors un lieu sacré dédié à l'Amour.

Explication de texte 5

« Les deux Pigeons »
→ p. 106 à 107, v. 1 à 29

Par quels moyens La Fontaine condamne-t-il la curiosité ?

SITUER

1. Quelle est la thèse de chacun des deux pigeons ?
2. Repérez les différents passages au discours direct et précisez qui parle.

EXPLIQUER

La situation initiale → v. 1 à 4

3. Vers 1 à 4. Comment la voix du moraliste se fait-elle entendre dès les premiers vers ?

Les dangers du voyage → v. 5 à 17

4. Vers 5 à 17. Quels sont les arguments développés par le pigeon qui est défavorable au voyage ?
5. Quels procédés argumentatifs met-il en œuvre ?

L'attrait de la découverte → v. 18 à 29

6. Vers 18 à 20. Le pigeon qui veut voyager est-il vraiment « ébranl[é] » ? À quoi le voyez-vous ?
7. Vers 21 à 29. Quels sont ses arguments en faveur du voyage ?
8. Son discours vous semble-t-il plus ou moins efficace que celui de son frère ?

CONCLURE

9. Quels sont les défauts que condamne ici le moraliste ?

ÉTUDE DE LA LANGUE

Commentez la construction de la phrase négative « Je ne songerai plus que rencontre funeste ».

ÉCRIRE

Lisez la suite de la fable. Imaginez que le pigeon qui voyage écrive une lettre à son compagnon resté au logis. Écrivez cette lettre en tenant compte, non seulement des épisodes racontés par le fabuliste, mais aussi des traits de caractère que vous venez de mettre en évidence dans cette étude.

III

Le Singe et le Léopard

Le Singe avec le Léopard
Gagnaient de l'argent à la foire :
Ils affichaient[1] chacun à part.
L'un d'eux disait : Messieurs, mon mérite et ma gloire
Sont connus en bon lieu ; le Roi m'a voulu voir ;
Et si je meurs il veut avoir
Un manchon[2] de ma peau ; tant elle est bigarrée,
Pleine de taches, marquetée[3],
Et vergetée[4], et mouchetée.
La bigarrure plaît ; partant[5] chacun le vit.
Mais ce fut bientôt fait, bientôt chacun sortit.
Le Singe de sa part disait : Venez de grâce,
Venez Messieurs ; Je fais cent tours de passe-passe.
Cette diversité dont on vous parle tant,
Mon voisin Léopard l'a sur soi seulement ;
Moi je l'ai dans l'esprit : votre serviteur[6] Gille[7],
Cousin et gendre de Bertrand[8],
Singe du Pape en son vivant ;
Tout fraîchement en cette ville
Arrive en trois bateaux[9] exprès pour vous parler ;
Car il parle, on l'entend, il sait danser, baller[10],
Faire des tours de toute sorte,
Passer en des cerceaux ; et le tout pour six blancs[11] :
Non, Messieurs, pour un sou ; si vous n'êtes contents,
Nous rendrons à chacun son argent à la porte.
Le Singe avait raison ; ce n'est pas sur l'habit

---

1. Se faisaient de la publicité.
2. Cylindre de fourrure dans lequel on glisse ses mains pour les garder au chaud.
3. Parsemée de taches.
4. Marquée de petits rayures.
5. Par conséquent.
6. Manière de se présenter.
7. Personnage du théâtre de foire.
8. Bertrand est le nom du singe du pape Jules II (pape de 1443 à 1513).
9. En grande pompe.
10. Danser.
11. Ancienne monnaie (six blancs valent environ deux sous et demi).

Que la diversité me plaît, c'est dans l'esprit :
L'une fournit toujours des choses agréables ;
L'autre en moins d'un moment lasse les regardants.
Oh ! que de grands Seigneurs au Léopard semblables,
　　　　N'ont que l'habit pour tous talents !

IV

Le Gland et la Citrouille

Dieu fait bien ce qu'il fait. Sans en chercher la preuve
En tout cet Univers, et l'aller parcourant,
　　　　Dans les citrouilles je la treuve[1].

　　　　Un Villageois considérant
Combien ce fruit est gros et sa tige menue,
« À quoi songeait, dit-il, l'Auteur de tout cela ?
Il a bien mal placé cette citrouille-là :
　　　　Hé parbleu, je l'aurais pendue
　　　　À l'un des chênes que voilà.
　　　　C'eût été justement l'affaire ;
　　　　Tel fruit, tel arbre, pour bien faire.
C'est dommage, Garo, que tu n'es point entré
Au conseil de celui que prêche ton Curé[2] ;
Tout en eût été mieux : car pourquoi par exemple
Le gland, qui n'est pas gros comme mon petit doigt,
　　　　Ne pend-il pas en cet endroit ?
　　　　Dieu s'est mépris : plus je contemple
Ces fruits ainsi placés, plus il semble à Garo
　　　　Que l'on a fait un quiproquo[3]. »
Cette réflexion embarrassant notre homme ;
On ne dort point, dit-il, quand on a tant d'esprit.
Sous un chêne aussitôt il va prendre son somme.

Fable IV – 1. Trouve.
2. « Celui que prêche ton Curé » : Dieu.
3. Erreur qui consiste à prendre une chose ou une personne pour une autre.

Livre neuvième

>Un gland tombe : le nez du dormeur en pâtit.
>Il s'éveille ; et portant la main sur son visage,
>Il trouve encor le gland pris au poil du menton.
>Son nez meurtri le force à changer de langage :
>« Oh, oh, dit-il, je saigne ! et que serait-ce donc
>S'il fût tombé de l'arbre une masse plus lourde,
>>Et que ce gland eût été gourde[4] ?
>Dieu ne l'a pas voulu : sans doute il eut raison ;
>>J'en vois bien à présent la cause. »
>>En louant Dieu de toute chose,
>>Garo retourne à la maison.

V

L'Écolier, le Pédant et le Maître d'un jardin

>Certain Enfant qui sentait son collège,
>Doublement sot et doublement fripon
>Par le jeune âge, et par le privilège
>Qu'ont les pédants[1] de gâter[2] la raison,
>Chez un voisin dérobait, ce dit-on,
>Et fleurs et fruits. Ce voisin, en automne,
>Des plus beaux dons que nous offre Pomone[3]
>Avait la fleur[4], les autres le rebut.
>Chaque saison apportait son tribut :
>Car au printemps il jouissait encore
>Des plus beaux dons que nous présente Flore[5].
>Un jour dans son jardin il vit notre écolier,
>Qui, grimpant sans égard sur un arbre fruitier,
>Gâtait jusqu'aux boutons, douce et frêle espérance,
>Avant-coureurs des biens que promet l'abondance :
>Même il ébranchait l'arbre, et fit tant à la fin

---

4. Courge.
Fable V – 1. Professeurs.
2. Abimer.
3. Déesse des fruits chez les Romains.
4. Avait la meilleure part.
5. Déesse des fleurs chez les Romains.

Livre neuvième

                Que le possesseur du jardin
        Envoya faire plainte au maître de la classe.
        Celui-ci vint suivi d'un cortège d'enfants :
20   Voilà le verger plein de gens
        Pires que le premier. Le Pédant, de sa grâce[6],
                Accrut le mal en amenant
                Cette jeunesse mal instruite :
        Le tout, à ce qu'il dit, pour faire un châtiment
        Qui pût servir d'exemple, et dont toute sa suite
        Se souvînt à jamais comme d'une leçon.
        Là-dessus il cita Virgile et Cicéron,
                Avec force traits de science.
        Son discours dura tant, que la maudite engeance[7]
30   Eut le temps de gâter en cent lieux le jardin.

                Je hais les pièces d'éloquence
        Hors de leur place, et qui n'ont point de fin ;
                Et ne sais bête au monde pire
            Que l'Écolier, si ce n'est le Pédant.
        Le meilleur de ces deux pour voisin, à vrai dire,
                Ne me plairait aucunement.

VI

Le Statuaire et la Statue de Jupiter

        Un bloc de marbre était si beau
        Qu'un statuaire en fit l'emplette.
        « Qu'en fera, dit-il, mon ciseau[1] ?
        Sera-t-il Dieu, table, ou cuvette ?

---

6. De lui-même.
7. L'espèce, la race.
Fable VI – 1. Outil qui sert à sculpter la pierre.

Virgile et Cicéron

Virgile (70-19 av. J.-C.) était un poète latin, auteur de *L'Énéide*. Cicéron (106-43 av. J.-C.) était un orateur et homme politique latin. On les étudie à l'âge classique comme des modèles à imiter.

Livre neuvième

Il sera Dieu ; même je veux
Qu'il ait en sa main un tonnerre[2].
Tremblez, humains. Faites des vœux ;
Voilà le maître de la terre. »

L'artisan exprima si bien
Le caractère de l'idole[3],
Qu'on trouva qu'il ne manquait rien
À Jupiter que la parole :

Même l'on dit que l'ouvrier
Eut à peine achevé l'image,
Qu'on le vit frémir le premier,
Et redouter son propre ouvrage.

À la faiblesse du sculpteur
Le poète autrefois n'en dut guère[4],
Des dieux dont il fut l'inventeur
Craignant la haine et la colère.

Il était enfant en ceci :
Les enfants n'ont l'âme occupée
Que du continuel souci
Qu'on ne fâche point leur poupée.

Le cœur suit aisément l'esprit :
De cette source est descendue
L'erreur païenne[5], qui se vit
Chez tant de peuples répandue.

Ils embrassaient violemment
Les intérêts de leur chimère[6].

---

2. Foudre, attribut de Jupiter.
3. Représentation.
4. Ne fut pas inférieur.
5. La croyance en plusieurs dieux, désignée comme une « erreur » par rapport au monothéisme, admis comme une vérité.
6. Être mythique composé d'espèces diverses. La chimère est le symbole de l'imagination débridée des hommes.

Livre neuvième

Pygmalion[7] devint amant
De la Vénus dont il fut père.

Chacun tourne en réalités,
Autant qu'il peut, ses propres songes :
L'homme est de glace aux vérités ;
Il est de feu pour les mensonges.

VII

La Souris métamorphosée en fille

Une Souris tomba du bec d'un Chat-Huant[1] :
    Je ne l'eusse pas ramassée ;
Mais un Bramin[2] le fit : je le crois aisément ;
    Chaque pays a sa pensée.
    La Souris était fort froissée.
    De cette sorte de prochain
Nous nous soucions peu ; mais le peuple bramin
    Le traite en frère ; ils ont en tête
    Que notre âme, au sortir d'un roi,
Entre dans un ciron[3], ou dans telle autre bête
Qu'il plaît au Sort : c'est là l'un des points de loi.
Pythagore[4] chez eux a puisé ce mystère.
Sur un tel fondement, le Bramin crut bien faire
De prier un Sorcier qu'il logeât la Souris
Dans un corps qu'elle eût eu pour hôte au temps jadis.
    Le sorcier en fit une fille
De l'âge de quinze ans, et telle et si gentille,

---

7. Dans la mythologie grecque, le sculpteur Pygmalion tomba amoureux de la statue qu'il avait réalisée, rendue vivante par la déesse Vénus.
Fable VII – 1. Hibou.
2. Religieux hindou.

3. Animal minuscule, presque invisible.
4. Philosophe et mathématicien du VIe siècle avant J.-C. qui croyait en la métempsycose, c'est-à-dire à la réincarnation de l'âme dans un corps différent.

Livre neuvième

Que le fils de Priam[5] pour elle aurait tenté
Plus encore qu'il ne fit pour la grecque beauté[6].
Le Bramin fut surpris de chose si nouvelle.
       Il dit à cet objet si doux :
« Vous n'avez qu'à choisir, car chacun est jaloux
       De l'honneur d'être votre époux.
       – En ce cas je donne, dit-elle,
       Ma voix au plus puissant de tous.
– Soleil, s'écria lors le Bramin à genoux,
       C'est toi qui seras notre gendre.
       – Non, dit-il, ce nuage épais
Est plus puissant que moi, puisqu'il cache mes traits ;
       Je vous conseille de le prendre.
– Hé bien ! dit le Bramin au nuage volant,
Es-tu né pour ma fille ? – Hélas ! non ; car le vent
Me chasse à son plaisir de contrée en contrée ;
Je n'entreprendrai point sur les droits de Borée[7]. »
       Le Bramin fâché s'écria :
       « Ô vent donc, puisque vent y a,
       Viens dans les bras de notre belle. »
Il accourait : un mont en chemin l'arrêta.
       L'éteuf[8] passant à celui-là,
Il le renvoie, et dit : « J'aurais une querelle
       Avec le Rat ; et l'offenser
Ce serait être fou, lui qui peut me percer. »
       Au mot de Rat, la damoiselle
       Ouvrit l'oreille : il fut l'époux.
       Un Rat ! Un Rat : c'est de ces coups
       Qu'Amour fait, témoin telle et telle.
       Mais ceci soit dit entre nous.

On tient toujours du lieu dont on vient. Cette fable
Prouve assez bien ce point ; mais, à la voir de près,

---

5. Le troyen Pâris qui enleva Hélène et provoqua la guerre de Troie.

6. Allusion à Hélène, enlevée par Pâris pour sa beauté.

7. Vent du nord.

8. Petite balle pour le jeu de paume.

Livre neuvième

50   Quelque peu de sophisme[9] entre parmi ses traits[10] :
Car quel époux n'est point au Soleil préférable,
En s'y prenant ainsi ? Dirai-je qu'un géant
Est moins fort qu'une puce ? Elle le mord pourtant.
Le Rat devait aussi renvoyer, pour bien faire,
      La belle au Chat, le Chat au Chien,
      Le Chien au Loup. Par le moyen
      De cet argument circulaire,
Pilpay[11] jusqu'au Soleil eût enfin remonté ;
Le Soleil eût joui de la jeune beauté.
60   Revenons, s'il se peut, à la métempsycose :
Le sorcier du Bramin fit sans doute une chose
Qui, loin de la prouver, fait voir sa fausseté.
Je prends droit[12] là-dessus contre le Bramin même ;
      Car il faut, selon son système,
Que l'homme, la souris, le ver, enfin chacun
Aille puiser son âme en un trésor commun :
      Toutes sont donc de même trempe[13] ;
      Mais, agissant diversement
      Selon l'organe seulement,
70   L'une s'élève et l'autre rampe.
D'où vient donc que ce corps si bien organisé
      Ne put obliger son hôtesse
De s'unir au Soleil ? Un Rat eut sa tendresse.
      Tout débattu, tout bien pesé,
Les âmes des souris et les âmes des belles
      Sont très différentes entre elles.
Il faut en revenir toujours à son destin,
C'est-à-dire, à la loi par le Ciel établie.
    Parlez au diable, employez la magie,
80   Vous ne détournerez nul être de sa fin.

---

9. Raisonnement faux qui semble logique.
10. Ses caractéristiques.
11. Sage hindou auquel sont attribuées des fables.
12. Je m'appuie.
13. De même nature.

Livre neuvième

VIII

Le Fou qui vend la sagesse

Jamais auprès des fous ne te mets à portée :
Je ne te puis donner un plus sage conseil.
       Il n'est enseignement pareil
À celui-là de fuir une tête éventée[1].
       On en voit souvent dans les cours :
Le prince y prend plaisir ; car ils donnent toujours
Quelque trait[2] aux fripons, aux sots, aux ridicules.

Un fol allait criant par tous les carrefours
Qu'il vendait la sagesse et les mortels crédules
10 De courir à l'achat : chacun fut diligent[3].
       On essuyait[4] force grimaces ;
       Puis on avait pour son argent,
Avec un bon soufflet[5], un fil long de deux brasses[6].
La plupart s'en fâchaient : mais que leur servait-il[7] ?
C'étaient les plus moqués : le mieux était de rire,
       Ou de s'en aller sans rien dire
       Avec son soufflet et son fil.
       De chercher du sens à la chose,
On se fût fait siffler ainsi qu'un ignorant.
20   La raison est-elle garant
De ce que fait un fou ? le hasard est la cause
De tout ce qui se passe en un cerveau blessé.
Du fil et du soufflet pourtant embarrassé,
Un des dupes un jour alla trouver un sage,
       Qui, sans hésiter davantage,
Lui dit : « Ce sont ici hiéroglyphes[8] tout purs.

---

1. Écervelée, irréfléchie.
2. Moquerie.
3. S'y précipita.
4. Supportait.
5. Gifle.
6. Une brasse est une mesure qui correspond à deux bras étendus.
7. À quoi cela leur servait-il ?
8. Symboles de l'écriture égyptienne. Le mot désigne aussi des écrits mystérieux, dont le sens reste caché.

Les gens bien conseillés, et qui voudront bien faire,
Entre eux et les gens fous mettront, pour l'ordinaire,
La longueur de ce fil ; sinon je les tiens sûrs
                De quelque semblable caresse.
Vous n'êtes point trompé ; ce fou vend la sagesse. »

IX

L'Huître et les Plaideurs[1]

Un jour deux Pèlerins sur le sable rencontrent
Une huître, que le flot y venait d'apporter :
Ils l'avalent des yeux, du doigt ils se la montrent ;
À l'égard de la dent[2] il fallut contester.
L'un se baissait déjà pour amasser[3] la proie ;
L'autre le pousse, et dit : « Il est bon de savoir
            Qui de nous en aura la joie.
Celui qui le premier a pu l'apercevoir
En sera le gobeur ; l'autre le verra faire.
            – Si par-là l'on juge l'affaire,
Reprit son compagnon, j'ai l'œil bon, Dieu merci.
            – Je ne l'ai pas mauvais aussi[4],
Dit l'autre ; et je l'ai vue avant vous, sur ma vie.
Hé bien ! vous l'avez vue ; et moi je l'ai sentie. »
            Pendant tout ce bel incident,
Perrin Dandin[5] arrive : ils le prennent pour juge.
Perrin, fort gravement, ouvre l'huître, et la gruge[6],
            Nos deux messieurs le regardant.
Ce repas fait, il dit, d'un ton de président :
« Tenez, la cour vous donne à chacun une écaille
Sans dépens[7] ; et qu'en paix chacun chez soi s'en aille. »

Fable IX – 1. Un plaideur a la manie d'intenter des procès.
2. Pour ce qui est de la manger.
3. Ramasser.
4. Non plus.
5. Nom d'un juge dans *Le Tiers livre* de Rabelais, déjà repris par Racine dans sa comédie *Les Plaideurs*.
6. Mange.
7. Frais de justice.

Livre neuvième

Mettez ce qu'il en coûte à plaider aujourd'hui ;
Comptez ce qu'il en reste à beaucoup de familles :
Vous verrez que Perrin tire l'argent à lui,
Et ne laisse aux plaideurs que le sac et les quilles[8].

X
Le Loup et le Chien maigre

Autrefois[1] Carpillon[2] fretin
Eut beau prêcher[3], il eut beau dire,
On le mit dans la poêle à frire.
Je fis voir que lâcher ce qu'on a dans la main,
Sous espoir de grosse aventure,
Est imprudence toute pure.
Le Pêcheur eut raison ; Carpillon n'eut pas tort :
Chacun dit ce qu'il peut pour défendre sa vie.
Maintenant il faut que j'appuie
Ce que j'avançai lors, de quelque trait[4] encor.

Certain Loup, aussi sot que le Pêcheur fut sage,
Trouvant un Chien hors du village,
S'en allait l'emporter. Le Chien représenta
Sa maigreur : « Jà[5] ne plaise à votre seigneurie
De me prendre en cet état-là ;
Attendez : mon maître marie
Sa fille unique, et vous jugez
Qu'étant de noce il faut, malgré moi, que j'engraisse. »
Le Loup le croit, le Loup le laisse.
Le Loup, quelques jours écoulés,
Revient voir si son Chien n'est pas meilleur à prendre ;

---

8. Expression qui signifie prendre ses affaires et s'en aller.
Fable X – 1. La Fontaine fait référence à la fable 3 du livre V, « Le Petit Poisson et le Pêcheur ».
2. Le petit de la carpe.
3. Faire des grands discours.
4. De plus d'arguments, à l'aide d'autres récits.
5. Déjà.

Mais le drôle[6] était au logis.
Il dit au Loup par un treillis[7] :
« Ami, je vais sortir. Et, si tu veux attendre,
  Le portier du logis et moi
  Nous serons tout à l'heure à toi. »
Ce portier du logis était un chien énorme,
  Expédiant les loups en forme[8].
Celui-ci s'en douta. « Serviteur[9] au portier »,
30 Dit-il ; et de courir. Il était fort agile ;
  Mais il n'était pas fort habile :
Ce Loup ne savait pas encor bien son métier.

XI

Rien de trop

  Je ne vois point de créature
  Se comporter modérément.
  Il est certain tempérament[1]
  Que le maître de la nature
Veut que l'on garde en tout. Le fait-on ? nullement :
Soit en bien, soit en mal, cela n'arrive guère.
Le blé, riche présent de la blonde Cérès[2],
Trop touffu bien souvent épuise les guérets[3] :
En superfluités[4] s'épandant d'ordinaire,
10 Et poussant trop abondamment,
  Il ôte à son fruit l'aliment.
L'arbre n'en fait pas moins : tant le luxe[5] sait plaire !
Pour corriger le blé, Dieu permit aux moutons

---

6. Malin.
7. Fenêtre grillagée.
8. Tuant selon les règles.
9. Formule de politesse pour prendre congé.
Fable XI – 1. Modération.
2. Déesse des moissons.
3. Terres que l'on n'a pas encore ensemencées.
4. Biens inutiles.
5. Profusion.

> **De la mesure en toute chose**
>
> « Rien de trop » est une maxime célèbre de l'Antiquité, éloge de la modération. En Grèce, elle est inscrite au fronton du sanctuaire de Delphes.

Livre neuvième

De retrancher l'excès des prodigues[6] moissons.
>Tout au travers ils se jetèrent,
>Gâtèrent[7] tout, et tout broutèrent ;
>Tant que le ciel permit aux loups
D'en croquer quelques-uns : ils les croquèrent tous ;
S'ils ne le firent pas, du moins ils y tâchèrent.
>[20] Puis le Ciel permit aux humains
De punir ces derniers : les humains abusèrent
>À leur tour des ordres divins.
De tous les animaux, l'homme a le plus de pente
>À se porter dedans l'excès.
>Il faudrait faire le procès
Aux petits comme aux grands. Il n'est âme vivante
Qui ne pêche en ceci. « Rien de trop » est un point
Dont on parle sans cesse, et qu'on n'observe point.

XII

Le Cierge

C'est du séjour des Dieux que les Abeilles viennent.
Les premières, dit-on, s'en allèrent loger
>Au mont Hymette[1], et se gorger
Des trésors qu'en ce lieu les zéphyrs[2] entretiennent.
Quand on eut des palais de ces filles du Ciel
Enlevé l'ambroisie[3] en leurs chambres enclose,
>Ou pour dire en français la chose,
>Après que les ruches sans miel
N'eurent plus que la cire, on fit mainte bougie.
>[10] Maint cierge aussi fut façonné.

---

6. Qui donnent en abondance.
7. Abimèrent.
Fable XII – 1. « Hymette était une montagne célébrée par les poètes, située dans l'Attique, et où les Grecs recueillaient d'excellent miel » (note de La Fontaine).
2. Vent doux.
3. Nourriture des dieux, ici le miel.

Livre neuvième

Un d'eux voyant la terre en brique au feu durcie
Vaincre l'effort des ans, il eut la même envie ;
Et, nouvel Empédocle aux flammes condamné
    Par sa propre et pure folie,
Il se lança dedans. Ce fut mal raisonné :
Ce cierge ne savait grain[4] de philosophie.

Tout en tout est divers : ôtez-vous de l'esprit
Qu'aucun être ait été composé sur le vôtre.
L'Empédocle de cire au brasier se fondit :
    Il n'était pas plus fou que l'autre.

XIII

Jupiter et le Passager

Ô ! combien le péril enrichirait les dieux,
Si nous nous souvenions des vœux[1] qu'il nous fait faire !
Mais, le péril passé, l'on ne se souvient guère
    De ce qu'on a promis aux Cieux ;
On compte seulement ce qu'on doit à la terre.
« Jupiter, dit l'impie[2], est un bon créancier[3] ;
    Il ne se sert jamais d'huissier[4].
– Eh ! qu'est-ce donc que le tonnerre ?
Comment appelez-vous ces avertissements ? »
    Un passager pendant l'orage
Avait voué[5] cent bœufs au vainqueur des Titans[6].

---

4. N'y connaissait rien.
Fable XIII – 1. Promesses faites à un dieu pour obtenir une faveur.
2. Qui méprise la religion.
3. Personne envers qui on a une dette.
4. Officier chargé de faire payer les dettes.
5. Promis par un vœu.
6. Jupiter.

Empédocle

« Empédocle était un philosophe ancien qui, ne pouvant comprendre les merveilles du mont Etna, se jeta dedans par une vanité ridicule, et trouvant l'action belle, de peur d'en perdre le fruit, et que la postérité ne l'ignorât, laissa ses pantoufles au pied du mont » (note de La Fontaine).

Livre neuvième

> Il n'en avait pas un : vouer cent éléphants
> > N'aurait pas coûté davantage.
> Il brûla quelques os quand il fut au rivage :
> > Au nez de Jupiter la fumée en monta.
> « Sire Jupin, dit-il, prends mon vœu ; le voilà :
> C'est un parfum de bœuf que ta grandeur respire.
> La fumée est ta part : je ne te dois plus rien. »
> > Jupiter fit semblant de rire ;
20 Mais, après quelques jours, le Dieu l'attrapa bien,
> > Envoyant un songe lui dire
> Qu'un tel trésor était en tel lieu. L'homme au vœu
> > Courut au trésor comme au feu.
> Il trouva des voleurs ; et, n'ayant dans sa bourse
> > Qu'un écu pour toute ressource,
> > Il leur promit cent talents[7] d'or,
> > Bien comptés, et d'un tel trésor :
> On l'avait enterré dedans telle bourgade.
> L'endroit parut suspect aux voleurs ; de façon
30 Qu'à notre prometteur l'un dit : Mon camarade,
> Tu te moques de nous ; meurs, et va chez Pluton[8]
> > Porter tes cent talents[9] en don.

XIV

Le Chat et le Renard

Le Chat et le Renard, comme beaux petits saints,
> S'en allaient en pèlerinage.
C'étaient deux vrais tartufs[1], deux archipatelins[2],

---

7. Forte somme.
8. Aux Enfers, où règne Pluton.
9. Monnaie grecque. Cent talents correspondent à une forte somme.

Fable XIV – 1. Hypocrites qui font semblant de suivre des règles morales et religieuses (d'après Tartuffe, personnage de la comédie éponyme de Molière).

2. Néologisme, formé par La Fontaine sur le nom du personnage de La Farce de Maître Patelin, qui désigne des personnes très hypocrites.

Deux francs patte-pelus[3], qui, des frais du voyage,
Croquant mainte volaille, escroquant maint fromage,
　　　　S'indemnisaient à qui mieux mieux.
Le chemin étant long, et partant[4] ennuyeux,
　　　　Pour l'accourcir ils disputèrent[5].
　　　　La dispute est d'un grand secours :
　　　　Sans elle on dormirait toujours.
　　　　Nos pèlerins s'égosillèrent.
Ayant bien disputé, l'on parla du prochain.
　　　　Le Renard au Chat dit enfin :
　　　　« Tu prétends être fort habile ;
En sais-tu tant que moi ? J'ai cent ruses au sac.
– Non, dit l'autre : je n'ai qu'un tour dans mon bissac[6],
　　　　Mais je soutiens qu'il en vaut mille. »
Eux de recommencer la dispute à l'envi[7].
Sur le que si, que non[8], tous deux étant ainsi,
　　　　Une meute apaisa la noise[9].
Le Chat dit au Renard : « Fouille en ton sac, ami ;
　　　　Cherche en ta cervelle matoise[10]
Un stratagème sûr : pour moi, voici le mien. »
À ces mots, sur un arbre il grimpa bel et bien.
　　　　L'autre fit cent tours inutiles,
Entra dans cent terriers, mit cent fois en défaut
　　　　Tous les confrères de Brifaut[11].
　　　　Partout il tenta des asiles ;
　　　　Et ce fut partout sans succès :
La fumée y pourvut, ainsi que les bassets[12].
Au sortir d'un terrier deux chiens aux pieds agiles
　　　　L'étranglèrent du premier bond.

---

3. Hypocrites, sournois.
4. Par conséquent.
5. Discutèrent, firent des débats.
6. Besace.
7. À qui mieux mieux.
8. Le pour et le contre.
9. Querelle.
10. Rusée.
11. Nom traditionnel du chien de chasse qui mène la meute.
12. Petits chiens caractérisés par leurs courtes pattes. On les utilise pour attraper le renard au sortir d'un terrier que l'on a enfumé.

Le trop d'expédients[13] peut gâter une affaire :
On perd du temps au choix, on tente, on veut tout faire.
N'en ayons qu'un, mais qu'il soit bon.

XV

Le Mari, la Femme et le Voleur

Un Mari fort amoureux,
Fort amoureux de sa femme,
Bien qu'il fût jouissant[1], se croyait malheureux.
Jamais œillade de la dame,
Propos flatteur et gracieux,
Mot d'amitié, ni doux sourire,
Déifiant le pauvre sire,
N'avaient fait soupçonner qu'il fût vraiment chéri.
Je le crois[2] ; c'était un mari.
Il ne tint point à l'hyménée[3]
Que, content de sa destinée,
Il n'en remerciât les dieux.
Mais quoi ! si l'amour n'assaisonne
Les plaisirs que l'hymen nous donne,
Je ne vois pas qu'on en soit mieux.
Notre épouse étant donc de la sorte bâtie,
Et n'ayant caressé son mari de sa vie,
Il en faisait sa plainte une nuit. Un voleur
Interrompit la doléance[4].
La pauvre femme eut si grand'peur
Qu'elle chercha quelque assurance
Entre les bras de son époux.

---

13. De moyens mis en œuvre pour se tirer d'affaire.
Fable XV – 1. Jouissant des plaisirs conjugaux.
2. Cela ne m'étonne pas.
3. Mariage : le mariage ne lui permettait pas de remercier les dieux de la vie qu'il menait.
4. Plainte.

Ami voleur, dit-il, sans toi ce bien si doux
Me serait inconnu ! Prends donc en récompense
Tout ce qui peut chez nous être à ta bienséance[5] ;
Prends le logis aussi. Les voleurs ne sont pas
        Gens honteux[6], ni fort délicats :
Celui-ci fit sa main[7].

            J'infère[8] de ce conte
        Que la plus forte passion
C'est la peur ; elle fait vaincre l'aversion,
Et l'amour quelquefois : quelquefois il la dompte.
        J'en ai pour preuve cet amant[9]
Qui brûla sa maison pour embrasser sa dame,
        L'emportant à travers la flamme.
J'aime assez cet emportement ;
Le conte m'en a plu toujours infiniment :
        Il est bien d'une âme espagnole,
        Et plus grande encore que folle.

XVI

Le Trésor et les deux Hommes

Un Homme n'ayant plus ni crédit ni ressource,
        Et logeant le diable en sa bourse[1],
        C'est-à-dire n'y logeant rien,
        S'imagina qu'il ferait bien
De se pendre, et finir lui-même sa misère,
Puisqu'aussi bien sans lui la faim le viendrait faire,
        Genre de mort qui ne duit[2] pas
À gens peu curieux de goûter le trépas.

---

5. À ta convenance.
6. Gêné à l'idée d'enfreindre les règles.
7. Mit la main sur les biens du mari, vola.
8. Déduis.
9. Allusion au comte Jean de Villa Mediana qui déclencha un incendie pour le plaisir de prendre la reine d'Espagne dans ses bras.
Fable XVI – 1. N'ayant plus un sou.
2. Convient.

Livre neuvième

Dans cette intention, une vieille masure
Fut la scène où devait se passer l'aventure.
Il y porte une corde, et veut avec un clou
Au haut d'un certain mur attacher le licou³.
    La muraille, vieille et peu forte,
S'ébranle aux premiers coups, tombe avec un trésor.
Notre désespéré le ramasse, et l'emporte,
Laisse là le licou, s'en retourne avec l'or,
Sans compter : ronde ou non, la somme plut au sire.
Tandis que le galant⁴ à grands pas se retire,
L'homme au trésor arrive, et trouve son argent
          Absent.
« Quoi ! dit-il, sans mourir je perdrai cette somme !
Je ne me pendrai pas ? Et vraiment si ferai,
    Ou de corde je manquerai. »
Le lacs⁵ était tout prêt ; il n'y manquait qu'un homme :
Celui-ci se l'attache, et se pend bien et beau.
    Ce qui le consola, peut-être,
Fut qu'un autre eût, pour lui, fait les frais du cordeau.
Aussi bien que l'argent le licou trouva maître.

L'avare rarement finit ses jours sans pleurs ;
Il a le moins de part au trésor qu'il enserre.
    Thésaurisant⁶ pour les voleurs,
    Pour ses parents, ou pour la terre.
Mais que dire du troc que la Fortune fit ?
Ce sont là de ses traits ; elle s'en divertit.
Plus le tour est bizarre, et plus elle est contente.
      Cette déesse inconstante
      Se mit alors en l'esprit
      De voir un homme se pendre ;
      Et celui qui se pendit
      S'y devait le moins attendre.

---

3. Laisse.
4. Malin.
5. Le lacet, la corde nouée.
6. Amassant de l'argent.

XVII

Le Singe et Chat

Bertrand avec Raton, l'un singe et l'autre chat,
Commensaux[1] d'un logis, avaient un commun maître.
D'animaux malfaisants c'était un très bon plat[2] ;
Ils n'y craignaient tous deux aucun[3], quel qu'il pût être.
Trouvait-on quelque chose au logis de gâté[4],
L'on ne s'en prenait point aux gens du voisinage :
Bertrand dérobait tout ; Raton, de son côté,
Était moins attentif aux souris qu'au fromage.
Un jour, au coin du feu, nos deux maîtres fripons
       Regardaient rôtir des marrons.
Les escroquer[5] était une très bonne affaire :
Nos galants[6] y voyaient double profit à faire ;
Leur bien premièrement, et puis le mal d'autrui.
Bertrand dit à Raton : « Frère, il faut aujourd'hui
Que tu fasses un coup de maître ;
Tire-moi ces marrons. Si Dieu m'avait fait naître
       Propre à tirer marrons du feu,
       Certes, marrons verraient beau jeu[7]. »
Aussitôt fait que dit : Raton avec sa patte,
       D'une manière délicate,
Écarte un peu la cendre, et retire les doigts ;
       Puis les reporte à plusieurs fois ;
Tire un marron, puis deux, et puis trois en escroque :

---

1. Qui mangent ensemble ou vivent ensemble.
2. Formule ironique : une bonne association.
3. Nul ne les dépassait en matière de malfaisance.
4. Abîmé.
5. Voler (et croquer !).

Une expression popularisée par La Fontaine

L'expression « tirer les marrons du feu » signifie faire quelque chose de dangereux pour le profit de quelqu'un d'autre. La Fontaine joue avec les sens concret et figuré de l'expression.

6. Malins, rusés.
7. Les marrons verraient ce qui leur arriverait.

Livre neuvième

> Et ce pendant Bertrand les croque.
> Une servante vient : adieu mes gens. Raton
> N'était pas content, ce dit-on.

> Aussi ne le sont pas la plupart de ces princes
> Qui, flattés d'un pareil emploi,
> Vont s'échauder[8] en des provinces
> Pour le profit de quelque roi.

XVIII

Le Milan et le Rossignol

Après que le Milan[1], manifeste voleur,
Eut répandu l'alarme en tout le voisinage,
Et fait crier sur lui les enfants du village,
Un Rossignol tomba dans ses mains par malheur.
Le héraut[2] du printemps lui demande la vie :
« Aussi bien, que manger en qui n'a que le son ?
  Écoutez plutôt ma chanson ;
Je vous raconterai Térée et son envie.
– Qui Térée ? est-ce un mets propre pour les milans ?
– Non pas ; c'était un roi dont les feux violents
Me firent ressentir leur ardeur criminelle.
Je m'en vais vous en dire une chanson si belle
Qu'elle vous ravira : mon chant plaît à chacun. »

---

8. Se brûler.
Fable XVIII – 1. Rapace nocturne du même type que la vautour ou l'aigle.
2. Annonciateur.

L'histoire de Térée

Le poète latin Ovide raconte que Térée désire ardemment Philomèle, la sœur de sa femme Progné, la viole et lui coupe la langue. Philomèle prévient sa sœur en brodant le crime. Pour la venger, Progné tue le fils qu'elle a eu avec Térée et le lui fait manger. Térée poursuit les deux sœurs, mais ils sont changés en oiseaux : Térée devient une huppe, Progné, un rossignol, et Philomèle une hirondelle.

Le Milan alors lui réplique :
« Vraiment, nous voici bien : lorsque je suis à jeun,
Tu me viens parler de musique !
– J'en parle bien aux rois. – Quand un roi te prendra,
Tu peux lui conter ces merveilles.
Pour un milan, il s'en rira :
20   Ventre affamé n'a point d'oreilles. »

XIX
Le Berger et son troupeau

« Quoi toujours il me manquera
Quelqu'un de ce peuple imbécile[1] !
Toujours le Loup m'en gobera !
J'aurai beau les compter ! Ils étaient plus de mille
Et m'ont laissé ravir notre pauvre Robin,
Robin mouton, qui par la ville
Me suivait pour un peu de pain,
Et qui m'aurait suivi jusques au bout du monde.
Hélas ! de ma musette[2] il entendait le son ;
10 Il me sentait venir de cent pas à la ronde.
Ah ! le pauvre Robin mouton ! »
Quand Guillot eut fini cette oraison funèbre[3],
Et rendu de Robin la mémoire célèbre,
Il harangua[4] tout le troupeau,
Les chefs, la multitude, et jusqu'au moindre agneau,
Les conjurant de tenir ferme :
Cela seul suffirait pour écarter les loups.
Foi de peuple, d'honneur ils lui promirent tous
De ne bouger non plus qu'un terme[5].

Fable XIX – 1. Le peuple imbécile désigne les moutons.
2. Instrument de musique.
3. Éloge du mort.
4. Fit un discours.
5. Borne qui marque la limite d'un terrain.

Livre neuvième

20   Nous voulons, dirent-ils, étouffer le glouton
         Qui nous a pris Robin mouton.
         Chacun en répond sur sa tête.
         Guillot les crut, et leur fit fête.
         Cependant, devant qu[6]'il fût nuit,
         Il arriva nouvel encombre[7] :
     Un loup parut ; tout le troupeau s'enfuit.
     Ce n'était pas un loup, ce n'en était que l'ombre.

         Haranguez de méchants soldats,
         Ils promettront de faire rage ;
30   Mais, au moindre danger, adieu tout leur courage ;
     Votre exemple et vos cris ne les retiendront pas.

Discours à Madame de la Sablière

Iris, je vous louerais ; il n'est que trop aisé ;
Mais vous avez cent fois notre encens[1] refusé,
En cela peu semblable au reste des mortelles
Qui veulent tous les jours des louanges nouvelles.
Pas une ne s'endort à ce bruit si flatteur.
Je ne les blâme point, je souffre[2] cette humeur ;
Elle est commune aux Dieux, aux monarques, aux belles.
Ce breuvage[3] vanté par le peuple rimeur[4],
Le nectar[5] que l'on sert au maître du Tonnerre[6],
10 Et dont nous enivrons tous les Dieux de la terre,
C'est la louange, Iris. Vous ne la goûtez point ;

---

6. Avant qu'il.
7. Problème.
Discours à Madame de la Sablière
1. Ce qui encense : les paroles flatteuses, les éloges.
2. Supporte.
3. Boisson.
4. Les poètes.
5. Boisson des dieux.
6. Jupiter.

Madame de La Sablière (1640-1693)

Très cultivée, elle s'intéresse aux sciences – la physique ou l'astronomie –, parle plusieurs langues dont le grec, et se passionne pour les arts. Elle tient salon à la Folie-Rambouillet, et réunit chez elle des artistes et des intellectuels. La Fontaine trouve refuge chez elle de 1672 à 1693.

Livre neuvième

D'autres propos chez vous récompensent[7] ce point :
Propos, agréables commerces[8],
Où le hasard fournit cent matières diverses :
Jusque-là qu'en votre entretien
La bagatelle[9] à part : le monde n'en croit rien.
Laissons le monde, et sa croyance.
La bagatelle, la science,
Les chimères[10], le rien, tout est bon : je soutiens
Qu'il faut de tout aux entretiens.
C'est un parterre où Flore[11] épand ses biens ;
Sur différentes fleurs l'abeille s'y repose,
Et fait du miel de toute chose.
Ce fondement posé ne trouvez pas mauvais
Qu'en ces fables aussi j'entremêle des traits
De certaine philosophie
Subtile, engageante[12], et hardie.
On l'appelle nouvelle. En avez-vous ou non
Ouï parler ? Ils[13] disent donc
Que la bête est une machine ;
Qu'en elle tout se fait sans choix et par ressorts :
Nul sentiment, point d'âme, en elle tout est corps[14].
Telle est la montre qui chemine[15],
À pas toujours égaux, aveugle et sans dessein.
Ouvrez-la, lisez dans son sein ;
Mainte roue y tient lieu de tout l'esprit du monde[16].
La première y meut[17] la seconde,
Une troisième suit, elle sonne à la fin.
Au dire de ces gens, la bête est toute telle :
L'objet la frappe en un endroit ;
Ce lieu frappé s'en va tout droit

---

7. Compensent.
8. Conversation.
9. Les propos légers.
10. Illusions.
11. Déesse des fleurs dans l'Antiquité romaine.
12. Séduisante.
13. Il s'agit en particulier de Descartes qui défend la théorie de l'animal-machine. Voir p. 79.
14. Matière.
15. Dont les aiguilles avancent.
16. Le peuple.
17. Met en mouvement.

Fables • 133

Livre neuvième

      Selon nous au voisin en porter la nouvelle ;
Le sens de proche en proche aussitôt la reçoit.
L'impression se fait, mais comment se fait-elle ?
          Selon eux par nécessité,
          Sans passion, sans volonté :
          L'animal se sent agité
    De mouvements que le vulgaire[18] appelle
Tristesse, joie, amour, plaisir, douleur cruelle,
50   Ou quelque autre de ces états.
Mais ce n'est point cela ; ne vous y trompez pas.
Qu'est-ce donc ? une montre ; et nous ? c'est autre chose.
Voici de la façon que Descartes l'expose ;
Descartes ce mortel dont on eût fait un Dieu
    Chez les Païens[19], et qui tient le milieu
Entre l'homme et l'esprit, comme entre l'huître et l'homme
Le tient tel de nos gens, franche bête de somme.
Voici, dis-je, comment raisonne cet auteur.
Sur tous les animaux enfants du Créateur,
60 J'ai le don de penser, et je sais que je pense.
Or vous savez Iris de certaine science[20],
        Que quand[21] la bête penserait,
        La bête ne réfléchirait
        Sur l'objet ni sur sa pensée.
Descartes va plus loin, et soutient nettement,
        Qu'elle ne pense nullement.
        Vous n'êtes point embarrassée
De le croire, ni moi. Cependant quand aux bois
        Le bruit des cors[22], celui des voix,
70 N'a donné nul relâche[23] à la fuyante proie[24],
        Qu'en vain elle a mis ses efforts

---

18. Personne commune, en opposition aux savants.
19. Les polythéistes de l'Antiquité (l'éloge est ironique).
20. De science certaine.
21. Même.
22. Instrument de musique utilisé pour la chasse à courre.
23. « Relâche » est masculin et signifie répit.
24. Le cerf pourchassé pendant la chasse.

Livre neuvième

À confondre, et brouiller la voie[25],
L'animal chargé d'ans, vieux Cerf, et de dix cors[26],
En suppose[27] un plus jeune, et l'oblige par force,
À présenter aux chiens une nouvelle amorce[28].
Que de raisonnements pour conserver ses jours !
Le retour sur ses pas, les malices, les tours,
      Et le change[29], et cent stratagèmes
Dignes des plus grands chefs, dignes d'un meilleur sort !
      On le déchire après sa mort :
      Ce sont tous ses honneurs suprêmes.

      Quand la Perdrix
      Voit ses petits
En danger, et n'ayant qu'une plume nouvelle[30],
Qui ne peut fuir encor par les airs le trépas ;
Elle fait la blessée, et va traînant de l'aile,
Attirant le Chasseur, et le Chien sur ses pas,
Détourne le danger, sauve ainsi sa famille,
Et puis, quand le Chasseur croit que son Chien la pille[31] ;
Elle lui dit adieu, prend sa volée, et rit
De l'homme, qui confus des yeux en vain la suit.

      Non loin du Nord il est un monde[32],
      Où l'on sait que les habitants,
      Vivent ainsi qu'aux premiers temps
      Dans une ignorance profonde :
Je parle des humains ; car quant aux animaux,
      Ils y construisent des travaux[33],
Qui des torrents grossis arrêtent le ravage,
Et font communiquer l'un et l'autre rivage.

---

25. Les traces.
26. Ramification des bois du cerf qui permet d'évaluer son âge. Dix cors font environ sept ans.
27. En met un plus jeune à sa place (susceptible d'épuiser les chiens).
28. Un nouvel appât.
29. Substitution des proies.
30. Ils sont si jeunes qu'ils n'ont encore qu'une seule plume.
31. Mord.
32. Près du Pôle Nord, peut-être le Canada.
33. Barrages.

Fables • 135

Livre neuvième

100 L'édifice résiste, et dure en son entier ;
Après un lit de bois, est un lit de mortier[34] :
Chaque Castor agit ; commune en est la tâche ;
Le vieux y fait marcher le jeune sans relâche.
Maint maître d'œuvre y court, et tient haut le bâton[35].
      La république de Platon,
      Ne serait rien que l'apprentie
      De cette famille amphibie[36].
Ils savent en hiver élever leurs maisons,
      Passent les étangs sur des ponts,
110   Fruit de leur art, savant ouvrage ;
      Et nos pareils ont beau le voir,
      Jusqu'à présent tout leur savoir,
      Est de passer l'onde à la nage.
Que ces Castors ne soient qu'un corps vide d'esprit,
Jamais on ne pourra m'obliger à le croire :
Mais voici beaucoup plus : écoutez ce récit,
      Que je tiens d'un Roi plein de gloire[37].
Le défenseur du Nord vous sera mon garant :
Je vais citer un Prince aimé de la victoire :
120 Son nom seul est un mur à l'empire ottoman[38] ;
C'est le Roi Polonais, jamais un Roi ne ment.
      Il dit donc que sur sa frontière
Des animaux entre eux ont guerre de tout temps :
Le sang qui se transmet des pères aux enfants,
      En renouvelle la matière.
Ces animaux, dit-il, sont germains[39] du Renard.
      Jamais la guerre avec tant d'art

---

34. Mélange de sable et de cailloux.
35. Fait preuve d'autorité.
36. Qui vivent à la fois dans un milieu terrestre et dans un milieu aquatique.
37. Jean III Sobieski (1629-1696), roi de Pologne, qui repoussa une invasion turque à Chokzin en 1673.
38. Turc.
39. Cousins.

La République de Platon

Dans le dialogue intitulé *La République*, Platon imagine une cité idéale qui prend le contre-pied de la société athénienne, corrompue selon lui en raison de l'ambition. Dans la république idéale, qui repose sur l'éducation morale, on trouve des chefs qui prennent les décisions, des guerriers qui assurent sa défense, et des producteurs qui fournissent des richesses.

Ne s'est faite parmi les hommes,
Non pas même au siècle où nous sommes.
130 Corps de garde avancé, vedettes[40], espions,
Embuscades, partis, et mille inventions
D'une pernicieuse, et maudite science,
    Fille du Styx[41], et mère des héros,
        Exercent de ces animaux
        Le bon sens, et l'expérience.
Pour chanter leurs combats, l'Achéron[42] nous devrait
        Rendre Homère[43]. Ah s'il le rendait,
Et qu'il rendît aussi le rival d'Épicure[44] !
Que dirait ce dernier sur ces exemples-ci ?
140 Ce que j'ai déjà dit, qu'aux bêtes la nature
Peut par les seuls ressorts opérer tout ceci ;
        Que la mémoire est corporelle,
Et que, pour en venir aux exemples divers
        Que j'ai mis en jour dans ces vers,
        L'animal n'a besoin que d'elle.
L'objet, lorsqu'il revient, va dans son magasin
        Chercher par le même chemin
        L'image auparavant tracée,
Qui sur les mêmes pas revient pareillement,
150   Sans le secours de la pensée,
        Causer un même événement.
        Nous agissons tout autrement.
        La volonté nous détermine,
Non l'objet, ni l'instinct. Je parle, je chemine ;
        Je sens en moi certain agent[45] ;

---

40. Sentinelles à cheval.
41. Fleuve des Enfers.
42. Les autres fleuves des Enfers sont l'Achéron, le Cocyte et le Léthé.
43. Auteur de l'*Iliade* et de l'*Odyssée*, VIIIe siècle av. J.-C.
44. Descartes s'oppose à la doctrine matérialiste d'Epicure.
45. Le principe de volonté, celui qui fait agir.

> **Les animaux ont-ils une mémoire ?**
>
> Selon Descartes, la mémoire des animaux est corporelle. Un stimulus sensoriel, venu de l'extérieur, suffit à entraîner une réaction. Elle est toujours la même quand le stimulus est le même.

Livre neuvième

>Tout obéit dans ma machine
>À ce principe intelligent.
Il est distinct du corps, se conçoit nettement,
>Se conçoit mieux que le corps même :
160 De tous nos mouvements c'est l'arbitre suprême.
>Mais comment le corps l'entend-il ?
>C'est-là le point : je vois l'outil
Obéir à la main : mais la main, qui la guide ?
Eh ! qui guide les Cieux, et leur course rapide ?
Quelque Ange est attaché peut-être à ces grands corps.
Un esprit vit en nous, et meut tous nos ressorts :
L'impression se fait. Le moyen, je l'ignore.
On ne l'apprend qu'au sein de la Divinité ;
Et, s'il faut en parler avec sincérité,
170 >Descartes l'ignorait encore.
Nous et lui là-dessus nous sommes tous égaux.
Ce que je sais, Iris, c'est qu'en ces animaux
>Dont je viens de citer l'exemple,
Cet esprit n'agit pas, l'homme seul est son temple[46].
Aussi[47] faut-il donner à l'animal un point
>Que la plante après tout n'a point.
>Cependant la plante respire :
Mais que répondra-t-on à ce que je vais dire ?

Les deux Rats, le Renard, et l'Œuf

180 Deux Rats cherchaient leur vie[48], ils trouvèrent un œuf.
Le dîné suffisait à gens de cette espèce ;
Il n'était pas besoin qu'ils trouvassent un Bœuf.
>Pleins d'appétit, et d'allégresse,
Ils allaient de leur œuf manger chacun sa part ;
Quand un quidam[49] parut. C'était maître Renard ;

---

46. Le corps est considéré comme un édifice religieux car il abrite l'âme.
47. La Fontaine différencie l'animal de la plante et s'appuie sur cette comparaison pour différencier l'homme de l'animal.
48. Cherchaient de quoi manger.
49. Quelqu'un.

Livre neuvième

>   Rencontre incommode et fâcheuse.
> Car comment sauver l'œuf ? Le bien empaqueter,
> Puis des pieds de devant ensemble le porter,
>   Ou le rouler, ou le traîner,
> C'était chose impossible autant que hasardeuse.
>   Nécessité[50] l'ingénieuse
>   Leur fournit une invention.
> Comme ils pouvaient gagner leur habitation,
> L'écornifleur[51] étant à demi quart de lieue[52] ;
> L'un se mit sur le dos, prit l'œuf entre ses bras,
> Puis malgré quelques heurts, et quelques mauvais pas,
>   L'autre le traîna par la queue[53].
> Qu'on m'aille soutenir après un tel récit,
>   Que les bêtes n'ont point d'esprit[54] !
>
>   Pour moi, si j'en étais le maître[55],
> Je leur en donnerais aussi bien qu'aux enfants.
> Ceux-ci pensent-ils pas dès leurs plus jeunes ans[56] ?
> Quelqu'un peut donc penser ne se pouvant connaître.
>   Par un exemple tout égal,
>   J'attribuerais à l'animal,
> Non point une raison selon notre manière,
> Mais beaucoup plus aussi qu'un aveugle ressort :
> Je subtiliserais[57] un morceau de matière,
> Que l'on ne pourrait plus concevoir sans effort,
> Quintessence[58] d'atome, extrait de la lumière,
> Je ne sais quoi plus vif, et plus mobile encor
> Que le feu : car enfin, si le bois fait la flamme,

---

50. Personnification de la nécessité.
51. Le pique-assiette.
52. Un kilomètre environ.
53. Allusion aux bobaques (sortes de marmottes) dont on disait qu'ils se servaient de leurs congénères comme de charriots.
54. D'imagination.
55. La Fontaine reprend ici les idées du philosophe Gassendi qui s'opposa à Descartes.
56. À l'époque classique, l'idée que les enfants pensent comme les adultes n'est pas communément admise. La Fontaine se montre donc audacieux.
57. *Je rendrais subtil* : je transformerais un morceau de matière en esprit.
58. La partie invisible, la plus subtile, extraite de quelque chose. La Fontaine défend la théorie atomiste de Gassendi.

Livre neuvième

La flamme en s'épurant peut-elle pas de l'âme
Nous donner quelque idée, et sort-il pas de l'or
Des entrailles du plomb[59] ? Je rendrais mon ouvrage[60]
Capable de sentir, juger, rien davantage,
    Et juger imparfaitement,
Sans qu'un singe jamais fit le moindre argument.
    À l'égard de nous autres hommes,
Je ferais notre lot infiniment plus fort :
    Nous aurions un double trésor ;
L'un cette âme pareille en tous tant que nous sommes,
    Sages, fous, enfants, idiots,
Hôtes de l'univers sous le nom d'animaux ;
L'autre encore une autre âme, entre nous et les anges
    Commune en un certain degré ;
    Et ce trésor à part crée
Suivrait parmi les airs les célestes phalanges[61],
Entrerait dans un point sans en être pressé[62],
Ne finirait jamais quoi qu'ayant commencé[63],
    Choses réelles quoi qu'étranges.
    Tant que l'enfance durerait,
Cette fille du Ciel[64] en nous ne paraîtrait
    Qu'une tendre et faible lumière ;
L'organe[65] étant plus fort, la raison percerait
    Les ténèbres de la matière,
    Qui toujours envelopperait
    L'autre âme[66] imparfaite et grossière.

---

59. C'est le but de l'alchimie de faire de l'or à partir du plomb.
60. L'animal ainsi créé.
61. Groupes dans les armées grecques. Ici il s'agit de l'armée des anges.
62. Limité.
63. Cette âme qui rapproche les hommes des anges n'aurait pas de mort, mais elle a une origine puisque c'est Dieu qui l'a créée. Elle serait donc immortelle, mais pas éternelle (ce qui est éternel n'a pas de début ni de fin).
64. Une autre périphrase pour designer l'âme.
65. L'organisme, le corps.
66. « L'autre âme », la première, celle qui rapproche les hommes des animaux.

LIVRE DIXIÈME

I

L'Homme et la Couleuvre

Un homme vit une Couleuvre.
Ah ! méchante, dit-il, je m'en vais faire une œuvre
      Agréable à tout l'univers.
      À ces mots l'animal pervers
      (C'est le Serpent que je veux dire,
Et non l'Homme, on pourrait aisément s'y tromper.)
À ces mots, le Serpent, se laissant attraper
Est pris, mis en un sac, et ce qui fut le pire,
On résolut sa mort, fût-il coupable ou non.
10 Afin de le payer toutefois de raison[1],
      L'autre[2] lui fit cette harangue[3] :
« Symbole des ingrats, être bon aux méchants,
C'est être sot, meurs donc : ta colère et tes dents
Ne me nuiront jamais ». Le Serpent en sa langue,
Reprit du mieux qu'il put : « S'il fallait condamner
      Tous les ingrats qui sont au monde,
      À qui pourrait-on pardonner ?
Toi-même tu te fais ton procès. Je me fonde
Sur tes propres leçons ; jette les yeux sur toi.
20 Mes jours sont en tes mains, tranche-les : ta justice
C'est ton utilité, ton plaisir, ton caprice ;
      Selon ces lois, condamne-moi :
      Mais trouve bon qu'avec franchise
      En mourant au moins je te dise,
      Que le symbole des ingrats
Ce n'est point le Serpent, c'est l'Homme. » Ces paroles
Firent arrêter l'autre ; il recula d'un pas.

---

1. Donner une raison, un motif.   **2.** L'homme.   **3.** Discours.

Livre dixième

       Enfin il repartit[4] : « Tes raisons sont frivoles[5] :
Je pourrais décider ; car ce droit m'appartient :
30 Mais rapportons-nous-en[6]. – Soit fait », dit le Reptile.
Une Vache était là, l'on l'appelle, elle vient,
Le cas est proposé, c'était chose facile.
« Fallait-il pour cela, dit-elle, m'appeler ?
La Couleuvre a raison, pourquoi dissimuler ?
Je nourris celui-ci depuis longues années ;
Il n'a sans mes bienfaits passé nulles journées :
Tout n'est que pour lui seul ; mon lait et mes enfants,
Le font à la maison revenir les mains pleines ;
Même j'ai rétabli sa santé que les ans
40   Avaient altérée, et mes peines
Ont pour but son plaisir ainsi que son besoin.
Enfin me voilà vieille ; il me laisse en un coin
Sans herbe : s'il voulait encor me laisser paître !
Mais je suis attachée ; et si j'eusse eu pour maître
Un Serpent, eût-il su jamais pousser si loin
L'ingratitude ? Adieu. J'ai dit ce que je pense. »
L'Homme tout étonné d'une telle sentence
Dit au Serpent : « Faut-il croire ce qu'elle dit ?
C'est une radoteuse[7], elle a perdu l'esprit.
50 Croyons ce Bœuf. – Croyons », dit la rampante bête.
Ainsi dit, ainsi fait. Le Bœuf vient à pas lents.
Quand il eut ruminé tout le cas en sa tête,
      Il dit que du labeur des ans
Pour nous seuls il portait les soins les plus pesants,
Parcourant sans cesse ce long cercle de peines
Qui, revenant sur soi, ramenait dans nos plaines
Ce que Cérès[8] nous donne, et vend aux animaux ;
         Que cette suite de travaux
Pour récompense avait de tous tant que nous sommes,

---

4. Répondit.
5. Tes raisons ne sont pas sérieuses.
6. Fions-nous au jugement (d'autrui) : l'homme s'adresse à la vache puis au bœuf et à l'arbre.
7. Personne qui tient des propos mettant en évidence sa bêtise.
8. Déesse romaine de la moisson.

60　Force coups, peu de gré⁹ ; puis quand il était vieux,
On croyait l'honorer chaque fois que les hommes
Achetaient de son sang l'indulgence des Dieux.
Ainsi parla le Bœuf. L'homme dit : « Faisons taire
　　　　Cet ennuyeux déclamateur.
Il cherche de grands mots, et vient ici se faire,
　　　　Au lieu d'arbitre, accusateur.
Je le récuse¹⁰ aussi. » L'arbre étant pris pour juge,
Ce fut bien pis encor. Il servait de refuge
Contre le chaud, la pluie, et la fureur des vents ;
70　Pour nous seuls il ornait les jardins et les champs.
L'ombrage n'était pas le seul bien qu'il sût faire :
Il courbait sous les fruits. Cependant pour salaire
Un rustre¹¹ l'abattait, c'était là son loyer¹² ;
Quoique, pendant tout l'an, libéral¹³ il nous donne
Ou des fleurs au Printemps ou du fruit en Automne ;
L'ombre, l'Été ; l'Hiver, les plaisirs du foyer¹⁴.
Que ne l'émondait¹⁵-on sans prendre la cognée¹⁶ ?
De son tempérament, il eût encor vécu.
L'homme, trouvant mauvais que l'on l'eût convaincu,
80　Voulut à toute force avoir cause gagnée.
« Je suis bien bon, dit-il, d'écouter ces gens-là. »
Du sac et du Serpent aussitôt il donna¹⁷
　　　　Contre les murs, tant qu'il tua la bête.

　　　　On en use ainsi chez les grands.
La raison les offense : ils se mettent en tête
Que tout est né pour eux, quadrupèdes, et gens,
　　　　Et serpents.
　　Si quelqu'un desserre les dents,
C'est un sot. – J'en conviens. Mais que faut-il donc faire ?
90　　　– Parler de loin ; ou bien se taire.

---

9. Beaucoup de coups, peu de reconnaissance.
10. Refuse son jugement.
11. Paysan.
12. Récompense.
13. Très généreux.
14. Feu de cheminée.
15. Coupait les branches mortes.
16. Hache.
17. Frappa.

Livre dixième

II

La Tortue et les deux Canards

Une Tortue était, à la tête légère,
Qui lasse de son trou voulut voir le pays.
Volontiers on fait cas d'une terre étrangère :
Volontiers gens boiteux haïssent le logis.
        Deux Canards à qui la Commère[1]
        Communiqua ce beau dessein
Lui dirent qu'ils avaient de quoi la satisfaire.
        « Voyez-vous ce large chemin ?
Nous vous voiturerons[2] par l'air en Amérique.
        Vous verrez mainte République,
Maint Royaume, maint peuple ; et vous profiterez
Des différentes mœurs que vous remarquerez.
Ulysse en fit autant. » On ne s'attendait guère
        De voir Ulysse en cette affaire.
La Tortue écouta la proposition.
Marché fait, les Oiseaux forgent une machine
        Pour transporter la pèlerine[3].
Dans la gueule en travers on lui passe un bâton.
« Serrez bien, dirent-ils ; gardez de lâcher prise. »
Puis chaque Canard prend ce bâton par un bout.
La Tortue enlevée, on s'étonne partout
        De voir aller en cette guise[4]
        L'animal lent et sa maison,
Justement au milieu de l'un et l'autre Oison.

---

1. Manière de s'interpeller entre villageois.
2. Transporterons.
3. Féminisation de « pèlerin » : manière ironique de désigner la voyageuse, comme si son périple avait un but spirituel.
4. Façons.

Ulysse

Le héros grec Ulysse, qui s'est illustré pendant la guerre de Troie par sa ruse, mit dix ans à rentrer chez lui. Mais la durée de son voyage n'est pas due à sa curiosité : c'est le fait de Poséidon qui le poursuivait de sa rage. Homère raconte ses voyages dans *L'Odyssée*.

« Miracle ! criait-on. Venez voir dans les nues[5]
    Passer la reine des Tortues.
– La reine : Vraiment oui. Je la suis en effet ;
Ne vous en moquez point. » Elle eût beaucoup mieux fait
De passer son chemin sans dire aucune[6] chose :
30 Car, lâchant le bâton en desserrant les dents,
Elle tombe, elle crève aux pieds des regardants.
Son indiscrétion[7] de sa perte fut cause.

Imprudence, babil[8], et sotte vanité,
    Et vaine curiosité
    Ont ensemble étroit parentage[9] ;
    Ce sont enfants tous d'un lignage[10].

III

Les Poissons et le Cormoran

Il n'était point d'étang dans tout le voisinage
Qu'un Cormoran[1] n'eût mis à contribution :
Viviers[2] et réservoirs lui payaient pension[3].
Sa cuisine allait bien : mais lorsque le long âge
    Eut glacé le pauvre animal,
    La même cuisine alla mal.
Tout Cormoran se sert de pourvoyeur lui-même.
Le nôtre, un peu trop vieux pour voir au fond des eaux,
    N'ayant ni filets ni réseaux[4],
10   Souffrait une disette[5] extrême.
Que fit-il ? Le besoin, docteur en stratagème,
Lui fournit celui-ci. Sur le bord d'un étang
    Cormoran vit une Écrevisse.

---

5. Ciel.
6. Quelque.
7. Imprudence.
8. Bavardage.
9. Liens de parenté (forme vieillie).
10. Famille.
Fable III – 1. Oiseau des mers qui se nourrit de poissons qu'il pêche.
2. Réservoirs destinés à la conservation des poissons.
3. Tous lui versaient une somme.
4. Pièges.
5. Manque de nourriture.

Livre dixième

« Ma commère[6], dit-il, allez tout à l'instant
    Porter un avis important
    À ce peuple. Il faut qu'il périsse[7] :
Le maître de ce lieu dans huit jours pêchera. »
    L'Écrevisse en hâte s'en va
    Conter le cas. Grande est l'émeute.
    On court, on s'assemble, on députe[8]
    À l'oiseau : « Seigneur Cormoran,
D'où vous vient cet avis ? Quel est votre garant ?
    Êtes-vous sûr de cette affaire ?
N'y savez-vous remède ? Et qu'est-il bon de faire ?
– Changer de lieu, dit-il. – Comment le ferons-nous ?
– N'en soyez point en soin[9] : je vous porterai tous,
    L'un après l'autre, en ma retraite.
Nul que Dieu seul et moi n'en connaît les chemins :
    Il n'est demeure plus secrète.
Un vivier que Nature y creusa de ses mains,
    Inconnu des traîtres humains,
    Sauvera votre république. »
    On le crut. Le peuple aquatique
    L'un après l'autre fut porté
    Sous ce rocher peu fréquenté.
    Là, Cormoran le bon apôtre[10],
    Les ayant mis en un endroit
    Transparent, peu creux, fort étroit,
Vous les prenait sans peine, un jour l'un, un jour l'autre.
    Il leur apprit à leurs dépens
Que l'on ne doit jamais avoir de confiance
    En ceux qui sont mangeurs de gens.
Ils y perdirent peu, puisque l'humaine engeance[11]
En aurait aussi bien croqué sa bonne part.

Qu'importe qui vous mange, homme ou loup, toute panse

---

6. Mon amie.
7. Il périra sans aucun doute possible.
8. Envoie un ambassadeur.
9. Ne vous tracassez pas.
10. Formule ironique qui désigne une personne de mauvaise foi.
11. Race, espèce.

Me paraît une[12] à cet égard :
Un jour plus tôt, un jour plus tard,
Ce n'est pas grande différence.

IV

L'Enfouisseur et son Compère

Un Pincemaille[1] avait tant amassé
Qu'il ne savait où loger sa finance[2].
L'avarice, compagne et sœur de l'ignorance,
Le rendait fort embarrassé
Dans le choix d'un dépositaire[3] ;
Car il en voulait un, et voici sa raison :
« L'objet tente ; il faudra que ce monceau s'altère,
Si je le laisse à la maison :
Moi-même de mon bien je serai le larron[4]. »
– Le larron ? Quoi ? jouir, c'est se voler soi-même !
Mon ami, j'ai pitié de ton erreur extrême ;
Apprends de moi cette leçon :
Le bien n'est bien qu'en tant que l'on s'en peut défaire.
Sans cela c'est un mal. Veux-tu le réserver
Pour un âge et des temps qui n'en ont plus que faire ?
La peine d'acquérir, le soin de conserver,
Ôtent le prix à l'or, qu'on croit si nécessaire.
Pour se décharger d'un tel soin,
Notre homme eût pu trouver des gens sûrs au besoin.
Il aima mieux la terre ; et, prenant son compère[5],
Celui-ci l'aide. Ils vont enfouir le trésor.
Au bout de quelque temps l'homme va voir son or :
Il ne retrouva que le gîte[6].

---

12. Me semble identique.
Fable IV – 1. Un avare : la maille est une monnaie qui a peu de valeur. Le mot fut imaginé par Marot, poète de la Renaissance. **2.** Argent. **3.** Personne à qui l'on confie de l'argent en dépôt. **4.** Voleur. **5.** Un ami. Ici, presqu'un complice. **6.** Ici, la cachette.

Livre dixième

Soupçonnant à bon droit le compère, il va vite
Lui dire : « Apprêtez-vous[7] ; car il me reste encore
Quelques deniers : je veux les joindre à l'autre masse. »
Le compère aussitôt va remettre en sa place
    L'argent volé, prétendant bien
Tout reprendre[8] à la fois sans qu'il y manquât rien.
    Mais, pour ce coup, l'autre fut sage :
Il retint tout chez lui, résolu de jouir,
    Plus n'entasser, plus n'enfouir ;
Et le pauvre voleur, ne trouvant plus son gage[9],
    Pensa tomber de sa hauteur.
Il n'est pas malaisé de tromper un trompeur.

V

Le Loup et les Bergers

    Un Loup rempli d'humanité
    (S'il en est de tels dans le monde)
    Fit un jour sur sa cruauté,
Quoiqu'il ne l'exerçât que par nécessité,
    Une réflexion profonde.
« Je suis haï, dit-il ; et de qui ? de chacun.
    Le loup est l'ennemi commun ;
Chiens, chasseurs, villageois, s'assemblent pour sa perte.
Jupiter[1] est là-haut étourdi de leurs cris ;
C'est par là que de loups l'Angleterre est déserte[2] :
    On y mit notre tête à prix[3].
    Il n'est hobereau[4] qui ne fasse
    Contre nous tels bans[5] publier ;
    Il n'est marmot osant crier

---

7. Préparez-vous.
8. Rapporter.
9. Ce qu'il avait déposé.
Fable V – 1. Roi des dieux.
2. Dépourvue, vide.
3. En Angleterre, au Xe siècle, les loups ont été éliminés car leurs têtes servaient de tribut payé au roi.
4. Gentilhomme de la petite noblesse.
5. Bannissements.

Que du Loup aussitôt sa mère ne menace.
        Le tout pour un âne rogneux[6],
Pour un mouton pourri[7], pour quelque chien hargneux,
        Dont j'aurai passé mon envie.
Eh bien ! ne mangeons plus de chose ayant eu vie ;
20 Paissons l'herbe, broutons ; mourons de faim plutôt.
        Est-ce une chose si cruelle ?
Vaut-il mieux s'attirer la haine universelle ? »
Disant ces mots, il vit des Bergers, pour leur rôt[8],
        Mangeant un agneau cuit en broche.
        « Oh ! oh ! dit-il, je me reproche
Le sang de cette gent[9]. Voilà ses gardiens
        S'en repaissant[10] eux et leurs chiens ;
        Et moi, Loup, j'en ferai scrupule[11] ?
Non, par tous les Dieux non. Je serais ridicule :
30   Thibaut l'agnelet passera
        Sans qu'à la broche je le mette,
Et non seulement lui, mais la mère qu'il tette,
        Et le père qui l'engendra. »
Ce Loup avait raison. Est-il dit qu'on nous voie
        Faire festin de toute proie,
Manger les animaux ; et nous les réduirons
Aux mets de l'âge d'or autant que nous pourrons ?
        Ils n'auront ni croc[12] ni marmite ?
        Bergers, Bergers, le Loup n'a tort
40   Que quand il n'est pas le plus fort :
        Voulez-vous qu'il vive en ermite[13] ?

---

6. Atteint de la gale.
7. Atteint du pourri, maladie propre au mouton.
8. Rôti : expression qui désigne le repas.
9. Cette race.
10. Mangeant.
11. Je renoncerai à le faire par scrupule.
12. Crochet pour pendre la viande.
13. Religieux qui vit séparé des hommes.

> **L'âge d'or**
>
> Ce mythe évoque un âge parfait, un éternel printemps. Les hommes, qui vivaient en connivence avec les dieux, se nourrissaient de fruits et de légumes que leur procurait la terre, dans sa générosité, sans que les hommes n'aient à souffrir ou à la travailler. Cette période prend fin quand commence le règne de Zeus.

Livre dixième

VI

L'Araignée et l'Hirondelle

« Ô Jupiter, qui sus[1] de ton cerveau,
Par un secret d'accouchement nouveau,
Tirer Pallas, jadis mon ennemie,
Entends ma plainte une fois en ta vie.
Progné[2] me vient enlever les morceaux ;
Caracolant, frisant l'air et les eaux,
Elle me prend mes mouches à ma porte :
Miennes je puis les dire ; et mon réseau[3]
En serait plein sans ce maudit oiseau :
10 Je l'ai tissu de matière assez forte. »
        Ainsi, d'un discours insolent,
Se plaignait l'Araignée, autrefois tapissière[4],
        Et qui lors étant filandière[5]
Prétendait enlacer tout insecte volant.
La sœur de Philomèle[6], attentive à sa proie,
Malgré le bestion[7], happait mouches dans l'air,
Pour ses petits, pour elle, impitoyable joie,
Que ses enfants gloutons, d'un bec toujours ouvert,
D'un ton demi-formé, bégayante couvée,
20 Demandaient par des cris encore mal entendus.
        La pauvre Aragne[8], n'ayant plus
Que la tête et les pieds, artisans superflus,
        Se vit elle-même enlevée :

---

1. Dessus : référence à la naissance d'Athéna qui sort du crane de Jupiter par le haut.
2. Sœur de Philomèle, mariée à Térée. Elle se venge de lui en tuant son fils et le lui faisant dévorer. Elle est ensuite transformée en hirondelle. (Voir l'histoire de Térès, p. 130.)
3. Ici, toile de l'araignée.
4. Qui brode des tapisseries.
5. Qui file la laine.
6. Voir note 2.
7. Bestiole.

Pallas-Athéna

Zeus craignait qu'un fils ne prenne sa place. Quand il apprit que Métis attendait un enfant de lui, il l'avala. Quelques mois plus tard, il éprouva de violents maux de tête et Athéna jaillit tout armée de son crâne. C'est la déesse de la sagesse et de la stratégie.

8. Nom français d'Arachné, jeune fille excellente tisseuse qui, dans la mythologie, se métamorphose en araignée. Le mot désigne ici l'araignée.

L'Hirondelle, en passant, emporta toile, et tout,
　　　Et l'animal pendant au bout.
Jupin[9] pour chaque état mit deux tables au monde :
L'adroit, le vigilant, et le fort sont assis
　　　　À la première ; et les petits
　　　　Mangent leur reste à la seconde.

VII

La Perdrix et les Coqs

Parmi de certains Coqs incivils, peu galants,
　　　　Toujours en noise[1], et turbulents,
　　　　Une Perdrix était nourrie.
　　　　Son sexe, et l'hospitalité,
De la part de ces Coqs, peuple à l'amour porté
Lui faisaient espérer beaucoup d'honnêteté[2] :
Ils feraient les honneurs de la ménagerie.
Ce peuple cependant, fort souvent en furie,
Pour la dame étrangère ayant peu de respect,
10　Lui donnait fort souvent d'horribles coups de bec.
　　　　D'abord elle en fut affligée ;
Mais, sitôt qu'elle eut vu cette troupe enragée
S'entre-battre elle-même et se percer les flancs,
Elle se consola. « Ce sont leurs mœurs, dit-elle ;
Ne les accusons point, plaignons plutôt ces gens.
　　　　Jupiter[3] sur un seul modèle
　　　　N'a pas formé tous les esprits ;
Il est des naturels de coqs et de perdrix.
S'il dépendait de moi, je passerais ma vie
20　　　　En plus honnête compagnie.
Le maître de ces lieux en ordonne autrement.

---

9. Nom familier de Jupiter.　　**2.** Marques de politesse, d'amabilité.
Fable VII – 1. En querelle.　　**3.** Roi des dieux.

Livre dixième

Il nous prend avec des tonnelles[4],
Nous loge avec des coqs, et nous coupe les ailes :
C'est de l'homme qu'il faut se plaindre seulement. »

VIII

Le Chien à qui on a coupé les oreilles

« Qu'ai-je fait pour me voir ainsi
Mutilé par mon propre Maître ?
Le bel état où me voici !
Devant les autres chiens oserai-je paraître ?
Ô rois des animaux, ou plutôt leurs tyrans,
Qui vous ferait choses pareilles ? »
Ainsi criait Mouflar[1], jeune dogue ; et les gens
Peu touchés de ses cris douloureux et perçants,
Venaient de lui couper sans pitié les oreilles.
Mouflar y croyait perdre. Il vit avec le temps
Qu'il y gagnait beaucoup ; car étant de nature
À piller[2] ses pareils, mainte mésaventure
L'aurait fait retourner chez lui
Avec cette partie en cent lieues altérée :
Chien hargneux a toujours l'oreille déchirée.
Le moins qu'on peut laisser de prise aux dents d'autrui,
C'est le mieux. Quand on n'a qu'un endroit à défendre,
On le munit[3], de peur d'esclandre[4].
Témoin maître Mouflar armé d'un gorgerin[5],
Du reste ayant d'oreille autant que sur ma main[6] :
Un loup n'eût su par où le prendre.

---

4. Filets utilisés pour chasser des oiseaux.
Fable VIII – 1. Nom moqueur tiré de moufle, désignant un visage rond.
2. Mordre
3. Protège.
4. Accident fâcheux.
5. Partie du casque d'une armure qui protège le cou : par extension, collier qui protège le cou d'un chien.
6. N'ayant pas plus d'oreille que sur ma main.

IX

Le Berger et le Roi

Deux démons à leur gré partagent notre vie,
Et de son patrimoine[1] ont chassé la raison.
Je ne vois point de cœur qui ne leur sacrifie.
Si vous me demandez leur état et leur nom,
J'appelle l'un, Amour ; et l'autre, Ambition.
Cette dernière étend le plus loin son empire ;
    Car même elle entre dans l'amour.
Je le ferais bien voir : mais mon but est de dire
Comme un Roi fit venir un Berger à sa Cour.
10 Le conte est du bon temps[2], non du siècle où nous sommes.
Ce Roi vit un troupeau qui couvrait tous les champs,
Bien broutant, en bon corps[3], rapportant tous les ans,
Grâce aux soins du Berger, de très notables sommes.
Le Berger plut au Roi par ces soins diligents[4].
Tu mérites, dit-il, d'être pasteur[5] de gens ;
Laisse-là tes moutons, viens conduire des hommes.
    Je te fais juge souverain.
Voilà notre Berger la balance à la main.
Quoi qu'il n'eût guère vu d'autres gens qu'un Ermite[6],
20 Son troupeau, ses mâtins[7], le loup, et puis c'est tout,
Il avait du bon sens ; le reste vient en suite.
    Bref il en vint fort bien à bout.
L'Ermite son voisin accourut pour lui dire :
« Veillé-je, et n'est-ce point un songe que je vois ?
Vous favori ! vous grand ! Défiez-vous[8] des Rois :

Fable IX – 1. Ses biens.
2. Autrefois.
3. En bonne santé.
4. Par son attention permanente.
5. « Pasteur » est un mot de la famille de « paître » : celui qui fait paître les troupeaux.
6. Religieux qui vit dans la solitude.
7. Chiens.
8. Prenez garde.

La justice

On représente souvent la justice comme une femme aux yeux bandés, symbole de son impartialité. Elle tient dans sa main gauche une balance – puisqu'elle doit peser le pour et le contre – et un glaive dans sa main droite – qui annonce la punition qui suit le jugement.

Livre dixième

Leur faveur est glissante, on s'y trompe ; et le pire,
C'est qu'il en coûte cher : de pareilles erreurs
Ne produisent jamais que d'illustres malheurs.
Vous ne connaissez pas l'attrait qui vous engage.
30 Je vous parle en ami. Craignez tout. » L'autre rit,
      Et notre Ermite poursuivit :
« Voyez combien déjà la Cour vous rend peu sage.
Je crois voir cet aveugle, à qui dans un voyage
      Un serpent engourdi de froid
Vint s'offrir sous la main : il le prit pour un fouet.
Le sien s'était perdu, tombant de sa ceinture.
Il rendait grâce au Ciel de l'heureuse aventure,
Quand un passant cria : « Que tenez-vous ? ô Dieux !
Jetez cet animal traître et pernicieux[9],
40 Ce serpent. – C'est un fouet. – C'est un serpent, vous dis-je :
À me tant tourmenter quel intérêt m'oblige ?
Prétendez-vous garder ce trésor ? – Pourquoi non ?
Mon fouet était usé ; j'en retrouve un fort bon ;
      Vous n'en parlez que par envie. »
      L'aveugle enfin ne le crut pas,
      Il en perdit bientôt la vie.
L'animal dégourdi piqua son homme au bras.
      Quant à vous, j'ose vous prédire
Qu'il vous arrivera quelque chose de pire.
50 – Eh, que me saurait-il arriver que la mort ?
– Mille dégoûts viendront, dit le prophète Ermite. »
Il en vint en effet ; l'Ermite n'eut pas tort.
Mainte peste de cour, fit tant par maint ressort,
Que la candeur du Juge, ainsi que son mérite,
Furent suspects au Prince. On cabale[10], on suscite
Accusateurs et gens grevés[11] par ses arrêts.
De nos biens, dirent-ils, il s'est fait un palais.
Le Prince voulut voir ces richesses immenses,
Il ne trouva partout que médiocrité,

---

9. Dangereux.   **10.** On intrigue en secret contre quelqu'un.   **11.** Victimes de ses jugements.

Livre dixième

60 Louanges du désert et de la pauvreté ;
C'étaient là ses magnificences.
Son fait, dit-on, consiste en des pierres de prix.
Un grand coffre en est plein, fermé de dix serrures.
Lui-même ouvrit ce coffre, et rendit bien surpris
Tous les machineurs[12] d'impostures.
Le coffre étant ouvert, on y vit des lambeaux,
L'habit d'un gardeur de troupeaux,
Petit chapeau, jupon[13], panetière[14], houlette[15],
Et je pense aussi sa musette[16].
70 « Doux trésors, ce[17] dit-il, chers gages qui jamais
N'attirâtes sur vous l'envie et le mensonge,
Je vous reprends : sortons de ces riches Palais
Comme l'on sortirait d'un songe.
Sire, pardonnez-moi cette exclamation.
J'avais prévu ma chute en montant sur le faîte[18].
Je m'y suis trop complu ; mais qui n'a dans la tête
Un petit grain d'ambition ? »

12. Auteurs d'une machination.
13. Vêtement des bergers qui couvrait le torse jusqu'au dessous de la ceinture.
14. Petit sac destiné à la conservation du pain.
15. Bâton du berger.
16. Instrument de musique champêtre.
17. *Ce qui signifie sur ce, à ce moment* : dit-il alors.
18. Sommet.

Giulio Campagnola (1482-1522), *Jeune berger*, musée du Louvre, Paris.

Explication de texte 6

« Le Berger et le Roi »
p. 154, v. 31 à 51

Comment La Fontaine critique-t-il la cour ?

SITUER

1. Lisez la fable en entier : qui sont les deux « démons » (vers 1) ?
2. Pourquoi l'Ermite raconte-t-il cette histoire d'aveugle ?

EXPLIQUER

Une histoire d'aveugle ⊙ vers 31 à 37

3. Vers 32 et 33, distinguez les différents sens du verbe « voir ».
4. Vers 33 à 35, commentez la construction de la phrase et le rythme des vers. Quel est l'effet produit ?
5. L'Aveugle vit-il réellement une « heureuse aventure » ?

Un dialogue de sourd ⊙ vers 38 à 47

6. Vers 38 à 44, quel est le rôle de ce dialogue ?
7. Pourquoi l'aveugle ne croit-il pas le passant ?
8. Vers 45 à 47, quel est le mètre employé ? Quel est l'effet produit ?

La morale de l'histoire ⊙ vers 47 à 51

9. Vers 48 à 51. Quels liens peut-on faire entre la situation du Berger et l'histoire de l'aveugle ?
10. Que veut démontrer l'Ermite ?

CONCLURE

11. Pourquoi l'Ermite recourt-il à un apologue pour étayer sa pensée ?

ÉTUDE DE LA LANGUE

Commentez la construction de l'interrogative : « Pourquoi non ? »

ACTIVITÉ

Les Fables de La Fontaine font souvent la satire de la cour du roi Louis XIV. À ce titre, pensez-vous qu'elles aient perdu de l'intérêt ?

Livre dixième

X

Les Poissons et le Berger qui joue de la flûte

Tircis[1], qui pour la seule Annette
Faisait résonner les accords
D'une voix et d'une musette[2]
Capables de toucher les morts,
Chantait un jour le long des bords
D'une onde arrosant des prairies,
Dont Zéphyr[3] habitait les campagnes fleuries.
Annette cependant à la ligne pêchait ;
Mais nul poisson ne s'approchait ;
La Bergère perdait ses peines.
Le Berger, qui, par ses chansons,
Eût attiré des inhumaines,
Crut, et crut mal, attirer des poissons.
Il leur chanta ceci : « Citoyens de cette onde,
Laissez votre Naïade[4] en sa grotte profonde.
Venez voir un objet mille fois plus charmant.
Ne craignez point d'entrer aux prisons de la Belle ;
Ce n'est qu'à nous qu'elle est cruelle.
Vous serez traités doucement,
On n'en veut point à votre vie[5] :
Un vivier[6] vous attend, plus clair que fin cristal ;
Et, quand à quelques-uns l'appât serait fatal,
Mourir des mains d'Annette est un sort que j'envie. »
Ce discours éloquent ne fit pas grand effet :
L'auditoire était sourd aussi bien que muet.
Tircis eut beau prêcher[7] : ses paroles miellées[8]

---

1. Tircis est un nom de berger fréquemment utilisé dans la poésie pastorale. Annette est également un nom de la pastorale galante.

2. Instrument de musique champêtre.
3. Vent doux.
4. Nymphe aquatique.
5. On ne veut pas vous tuer.

6. Réservoir destiné à la conservation des poissons.
7. Parler pour répandre la bonne parole, comme un prêtre le ferait.
8. Sucrées comme du miel.

Fables • **157**

S'en étant aux vents envolées,
Il tendit un long rets[9]. Voilà les poissons pris,
Voilà les poissons mis aux pieds de la Bergère.

30 Ô vous, pasteurs[10] d'humains et non pas de brebis,
Rois, qui croyez gagner par raisons les esprits
D'une multitude étrangère,
Ce n'est jamais par là que l'on en vient à bout ;
Il y faut une autre manière :
Servez-vous de vos rets, la puissance fait tout.

XI

Les deux Perroquets, le Roi et son Fils

Deux Perroquets, l'un père et l'autre fils,
Du rôt[1] d'un Roi faisaient leur ordinaire ;
Deux demi-dieux, l'un fils et l'autre père,
De ces oiseaux faisaient leurs favoris.
L'âge liait une amitié sincère
Entre ces gens : les deux pères s'aimaient ;
Les deux enfants, malgré leur cœur frivole,
L'un avec l'autre aussi s'accoutumaient,
Nourris[2] ensemble, et compagnons d'école.
10 C'était beaucoup d'honneur au jeune Perroquet ;
Car l'enfant était prince, et son père monarque.
Par le tempérament que lui donna la Parque[3],
Il aimait les oiseaux. Un moineau fort coquet,
Et le plus amoureux de toute la province,
Faisait aussi sa part des délices du Prince.
Ces deux rivaux un jour ensemble se jouant,

---

9. Un filet pour servir de piège.
10. Berger, celui qui fait paître les troupeaux.
Fable XI – 1. Rôti : expression qui désigne le repas.
2. Éduqués, élevés.
3. Divinité présidant au destin humain. Voir p. 43.

Livre dixième

Comme il arrive aux jeunes gens,
Le jeu devint une querelle.
Le passereau[4], peu circonspec[5],
S'attira de tels coups de bec,
Que demi-mort et traînant l'aile,
On crut qu'il n'en pourrait guérir.
Le Prince indigné fit mourir
Son Perroquet. Le bruit en vint au père.
L'infortuné vieillard crie et se désespère,
Le tout en vain ; ses cris sont superflus ;
L'oiseau parleur[6] est déjà dans la barque[7] ;
Pour dire mieux, l'Oiseau ne parlant plus
Fait qu'en fureur sur le fils du Monarque
Son père s'en va fondre, et lui crève les yeux.
Il se sauve aussitôt, et choisit pour asile
Le haut d'un pin : là, dans le sein des[8] Dieux,
Il goûte sa vengeance en lieu sûr et tranquille.
Le Roi lui-même y court, et dit pour l'attirer :
« Ami, reviens chez moi ; que nous sert de pleurer ?
Haine, vengeance, et deuil, laissons tout à la porte.
Je suis contraint de déclarer,
Encor que ma douleur soit forte,
Que le tort vient de nous ; mon fils fut l'agresseur ;
Mon fils ! non ; c'est le Sort qui du coup est l'auteur.
La Parque avait écrit de tout temps en son livre
Que l'un de nos enfants devait cesser de vivre,
L'autre de voir, par ce malheur.
Consolons-nous tous deux, et reviens dans ta cage. »
Le Perroquet dit : « Sire Roi,
Crois-tu qu'après un tel outrage
Je me doive fier à toi ?
Tu m'allègues[9] le Sort : prétends-tu, par ta foi,

---

4. Moineau.
5. « Circonspect », qui signifie « prudent ». La graphie est adoptée pour la rime.
6. Périphrase qui désigne le perroquet.
7. La barque de Charon, qui faisait traverser le Styx aux âmes des morts pour atteindre les Enfers.
8. Sous la protection de.
9. Prends comme argument.

Livre dixième

Me leurrer de l'appât d'un profane[10] langage ?
50 Mais que la Providence, ou bien que le Destin,
        Règle les affaires du monde,
Il est écrit là-haut qu'au faîte de ce pin
        Ou dans quelque forêt profonde,
J'achèverai mes jours loin du fatal objet[11]
        Qui doit t'être un juste sujet
De haine et de fureur. Je sais que la vengeance
Est un morceau de roi ; car vous vivez en dieux[12].
        Tu veux oublier cette offense :
Je le crois ; cependant il me faut, pour le mieux,
60   Éviter ta main et tes yeux.
Sire Roi mon ami, va-t'en, tu perds ta peine :
        Ne me parle point de retour ;
L'absence est aussi bien un remède à la haine
        Qu'un appareil[13] contre l'amour. »

XII

La Lionne et l'Ourse

Mère Lionne avait perdu son faon[1] :
Un chasseur l'avait pris. La pauvre infortunée
        Poussait un tel rugissement
Que toute la forêt était importunée.
        La nuit ni son obscurité,
        Son silence, et ses autres charmes,
De la reine des bois n'arrêtait les vacarmes :
Nul animal n'était du sommeil visité.
        L'Ourse enfin lui dit : « Ma commère[2],

---

10. Contraire de « sacré » : il désigne ici ce qui n'est pas sacré, donc impie et mensonger.
11. Le jeune prince aveuglé.
12. Vous vivez comme les dieux, doté de tous les pouvoirs.
13. Pansement.
Fable XIII – 1. Le faon désigne tous les petits d'animaux, ici un lionceau.
2. Nom familier pour s'adresser à une autre villageoise.

10 Un mot sans plus : tous les enfants
    Qui sont passés entre vos dents
    N'avaient-ils ni père ni mère ?
        – Ils en avaient. – S'il est ainsi,
Et qu'aucun de leur mort n'ait nos têtes rompues,
    Si tant de mères se sont tues,
    Que ne vous taisez-vous aussi ?
        – Moi, me taire ! moi, malheureuse !
Ah ! j'ai perdu mon fils ? il me faudra traîner
    Une vieillesse douloureuse.
20 – Dites-moi, qui vous force à vous y condamner ?
– Hélas ! c'est le Destin qui me hait. » Ces paroles
Ont été de tout temps en la bouche de tous.

Misérables[3] humains, ceci s'adresse à vous.
Je n'entends résonner que des plaintes frivoles.
Quiconque en pareil cas se croit haï des Cieux,
Qu'il considère Hécube[4], il rendra grâce aux Dieux.

XIII

Les deux Aventuriers et le Talisman

Aucun chemin de fleurs ne conduit à la gloire.
Je n'en veux pour témoin qu'Hercule[1] et ses travaux :
    Ce Dieu n'a guère de rivaux :
J'en vois peu dans la Fable[2], encore moins dans l'Histoire.
En voici pourtant un, que de vieux talismans[3]
Firent chercher fortune au pays des romans[4].
        Il voyageait de compagnie ;

---

3. Qui suscitent la pitié.
4. Épouse de Priam, roi de Troie. Elle perdit son mari et presque tous ses enfants durant la guerre, avant d'être réduite en esclavage.

Fable XIII – 1. Héros de la mythologie, célèbre pour avoir accompli douze travaux, des exploits spectaculaires.
2. Récit, fiction.

3. Objets portant des symboles, auxquels on attribue des propriétés magiques.
4. Pays imaginaire.

Livre dixième

Son camarade et lui trouvèrent un poteau
        Ayant au haut cet écriteau :

10 SEIGNEUR AVENTURIER, S'IL TE PREND QUELQUE ENVIE
DE VOIR CE QUE N'A VU NUL CHEVALIER ERRANT,
        TU N'AS QU'À PASSER CE TORRENT ;
PUIS, PRENANT DANS TES BRAS UN ÉLÉPHANT DE PIERRE
        QUE TU VERRAS COUCHÉ PAR TERRE,
LE PORTER D'UNE HALEINE AU SOMMET DE CE MONT
QUI MENACE LES CIEUX DE SON SUPERBE FRONT.

L'un des deux chevaliers saigna du nez[5]. « Si l'onde
        Est rapide autant que profonde,
Dit-il, et supposé qu'on la puisse passer,
20 Pourquoi de l'éléphant s'aller embarrasser ?
        Quelle ridicule entreprise !
Le sage l'aura fait par tel art et de guise[6]
Qu'on le pourra porter peut-être quatre pas :
Mais jusqu'au haut du mont, d'une haleine, il n'est pas
Au pouvoir d'un mortel ; à moins que la figure[7]
Ne soit d'un éléphant nain, pygmée[8], avorton,
        Propre à mettre au bout d'un bâton :
Auquel cas, où[9] l'honneur d'une telle aventure ?
On nous veut attraper dedans cette écriture ;
30 Ce sera quelque énigme à tromper un enfant :
C'est pourquoi je vous laisse avec votre éléphant. »
Le raisonneur parti, l'aventureux se lance,
        Les yeux clos, à travers cette eau.
        Ni profondeur ni violence
Ne purent l'arrêter ; et, selon l'écriteau,
Il vit son éléphant couché sur l'autre rive.

---

5. Signifie qu'un individu renonce devant l'obstacle. La formule provient peut-être des duels, où on se battait jusqu'au « premier sang ».

6. De telle manière.
7. Sculpture.
8. De très petite taille.
9. Où est.

Il le prend, il l'emporte, au haut du mont arrive,
Rencontre une esplanade, et puis une cité.
Un cri par l'éléphant est aussitôt jeté :
            Le peuple aussitôt sort en armes.
Tout autre aventurier au bruit de ces alarmes,
Aurait fui : celui-ci, loin de tourner le dos
Veut vendre au moins sa vie[10], et mourir en héros.
Il fut tout étonné d'ouïr cette cohorte[11]
Le proclamer monarque au lieu de son roi mort.
Il ne se fit prier que de la bonne sorte[12],
Encore que le fardeau fût, dit-il, un peu fort.
Sixte[13] en disait autant quand on le fit saint Père :
            (Serait-ce bien une misère
            Que d'être pape ou d'être roi ?)
On reconnut bientôt son peu de bonne foi.

Fortune[14] aveugle suit aveugle hardiesse.
Le sage quelquefois fait bien d'exécuter[15]
Avant que de donner le temps à la sagesse
D'envisager le fait, et sans la consulter.

---

10. « Vendre [...] sa vie » : se défendre.
11. Groupe d'hommes armés.
12. De façon énergique.
13. Sixte-Quint (pape de 1585 à 1590) feignit d'être vieux et malade au moment de son élection, puis jeta ses béquilles une fois devenu pape.
14. Le sort, le destin.
15. D'agir.

Livre dixième

XIV

Discours à Monsieur le duc de La Rochefoucauld

Je me suis souvent dit, voyant de quelle sorte
    L'homme agit et qu'il se comporte
En mille occasions, comme les animaux :
Le Roi de ces gens-là[1] n'a pas moins de défauts
    Que ses sujets, et la nature
    A mis dans chaque créature
Quelque grain d'une masse où puisent les esprits :
J'entends les esprits corps, et pétris de matière.[2]
    Je vais prouver ce que je dis.

10 À l'heure de l'affût, soit lorsque la lumière
Précipite ses traits[3] dans l'humide séjour[4],
Soit lorsque le Soleil rentre dans sa carrière[5],
Et que, n'étant plus nuit, il n'est pas encor jour,
Au bord de quelque bois sur un arbre je grimpe ;
Et nouveau Jupiter du haut de cet Olympe[6]
    Je foudroie, à discrétion,
    Un lapin qui n'y pensait guère.
Je vois fuir aussitôt toute la nation
    Des lapins qui sur la bruyère,
20   L'œil éveillé, l'oreille au guet,
S'égayaient, et de thym parfumaient leur banquet.

Fable XIV – 1. Les hommes.
2. Cette idée est présente à la fin du « Discours à Madame de La Sablière ». Voir p. 140.
3. Rayons.
4. Périphrase qui désigne la mer.
5. La *carrière* est la trajectoire d'un astre. Ici, reprend sa course.
6. Le roi des dieux romains, qui avait son siège sur le mont Olympe.

Le duc de La Rochefoucauld (1613-1680)

Dans sa jeunesse, il participe à la vie politique du royaume et prend part à la Fronde. Il raconte ces épisodes dans ses *Mémoires*. Par la suite, il fréquente les salons et en particulier celui de madame de Sablé, où il se lie à la marquise de Sévigné ou à Madame de Lafayette. Moraliste lucide, il publie alors ses *Maximes*, dans lesquelles il évoque « les lapins qui s'épouvantent et se rassurent en un moment ».

Livre dixième

Le bruit du coup fait que la bande
S'en va chercher sa sûreté
Dans la souterraine cité ;
Mais le danger s'oublie, et cette peur si grande
S'évanouit bientôt. Je revois les lapins
Plus gais qu'auparavant revenir sous mes mains.
Ne reconnaît-on pas en cela les humains ?
              Dispersés par quelque orage,
              À peine ils touchent le port
              Qu'ils vont hasarder[7] encor
              Même vent, même naufrage ;
              Vrais lapins, on les revoit
              Sous les mains de la Fortune[8].
Joignons à cet exemple une chose commune.
Quand des chiens étrangers passent par quelque endroit,
              Qui n'est pas de leur détroit[9],
              Je laisse à penser quelle fête.
              Les chiens du lieu, n'ayant en tête
Qu'un intérêt de gueule[10], à cris, à coups de dents,
              Vous accompagnent ces passants
              Jusqu'aux confins[11] du territoire.
Un intérêt de biens, de grandeur, et de gloire,
Aux gouverneurs d'États, à certains courtisans,
À gens de tous métiers, en fait tout autant faire.
              On nous voit tous, pour l'ordinaire,
Piller[12] le survenant[13], nous jeter sur sa peau.
La coquette et l'auteur sont de ce caractère :
              Malheur à l'écrivain nouveau !
Le moins de gens qu'on peut à l'entour du gâteau,
              C'est le droit du jeu[14], c'est l'affaire[15].
Cent exemples pourraient appuyer mon discours ;
              Mais les ouvrages les plus courts

---

7. Prendre un risque, affronter.
8. Du sort.
9. Portion de territoire sous l'autorité d'un juge.
10. « N'ayant en tête / Qu'un intérêt de gueule » : ne pensant qu'à leur nourriture.
11. Limites, frontières.
12. Mordre.
13. Nouveau venu.
14. Usage.
15. Ce qui nous convient.

Livre dixième

Sont toujours les meilleurs. En cela, j'ai pour guides
Tous les maîtres de l'art, et tiens qu'il faut laisser
Dans les plus beaux sujets quelque chose à penser :
    Ainsi ce discours doit cesser.

Vous qui m'avez donné ce qu'il a de solide,
Et dont la modestie égale la grandeur,
60 Qui ne pûtes jamais écouter sans pudeur
    La louange la plus permise,
    La plus juste et la mieux acquise,
Vous enfin, dont à peine ai-je encore obtenu
Que votre nom reçût ici quelques hommages[16],
Du temps et des censeurs défendant mes ouvrages,
Comme un nom qui, des ans et des peuples connu,
Fait honneur à la France, en grands noms plus féconde
    Qu'aucun climat de l'univers,
Permettez-moi du moins d'apprendre à tout le monde
70 Que vous m'avez donné le sujet de ces vers.

XV

Le Marchand, le Gentilhomme, le Pâtre et le Fils de roi

Quatre chercheurs de nouveaux mondes,
Presque nus, échappés à la fureur des ondes,
Un Trafiquant[1], un Noble, un Pâtre[2], un Fils de Roi,
Réduits au sort de Bélisaire,

---

16. Allusion à la fable « L'homme et son image », Livre I, fable XI.
Fable XV – 1. Un négociant qui commerce avec des pays lointains.
2. Gardien de troupeau.

Bélisaire

La Fontaine raconte cette anecdote légendaire : « Bélisaire était un grand capitaine, qui ayant commandé les armées de l'empereur, et perdu les bonnes grâces de son maître, tomba dans un tel point de misère, qu'il demandait l'aumône sur les grands chemins. »

Livre dixième

    Demandaient aux passants de quoi
    Pouvoir soulager leur misère.
De raconter quel sort les avait assemblés,
Quoique sous divers points[3] tous quatre ils fussent nés,
   C'est un récit de longue haleine.
10 Ils s'assirent enfin au bord d'une fontaine.
Là le conseil se tint entre les pauvres gens.
Le Prince s'étendit sur le malheur des grands.
Le Pâtre fut d'avis qu'éloignant la pensée
    De leur aventure passée,
Chacun fit de son mieux, et s'appliquât au soin
    De pourvoir[4] au commun besoin.
« La plainte, ajouta-t-il, guérit-elle son homme ?
Travaillons : c'est de quoi nous mener jusqu'à Rome[5]. »
Un Pâtre ainsi parler ! Ainsi parler[6] ; croit-on
20 Que le Ciel n'ait donné qu'aux têtes couronnées
   De l'esprit et de la raison,
Et que de tout berger, comme de tout mouton,
   Les connaissances soient bornées ?
L'avis de celui-ci fut d'abord[7] trouvé bon
Par les trois échoués au bord de l'Amérique.
L'un, c'était le Marchand, savait l'arithmétique :
« À tant par mois, dit-il, j'en donnerai leçon.
  – J'enseignerai la politique »,
Reprit le Fils de roi. Le Noble poursuivit :
30 « Moi, je sais le blason[8] ; j'en veux tenir école. »
Comme si, devers[9] l'Inde[10], on eût eu dans l'esprit,
La sotte vanité de ce jargon frivole !
Le Pâtre dit : « Amis, vous parlez bien ; mais quoi !

---

3. Sous différentes étoiles.
4. Donner quelque chose d'utile ou de nécessaire à quelqu'un.
5. Aller loin.
6. Oui, il parla ainsi.
7. Aussitôt.
8. L'héraldique, science des armoiries.
9. Du côté de.
10. Les Indes occidentales, nom donné à l'Amérique.

Livre dixième

Le mois a trente jours ; jusqu'à cette échéance
Jeûnerons-nous, par votre foi ?
Vous me donnez une espérance
Belle, mais éloignée ; et cependant j'ai faim.
Qui pourvoira de nous au dîner de demain ?
Ou plutôt sur quelle assurance
40 Fondez-vous, dites-moi, le souper d'aujourd'hui ?
Avant tout autre, c'est celui
Dont il s'agit. Votre science
Est courte là-dessus : ma main y suppléera[11]. »
À ces mots, le Pâtre s'en va
Dans un bois : il y fit des fagots, dont la vente,
Pendant cette journée et pendant la suivante,
Empêcha qu'un long jeûne à la fin ne fit tant
Qu'ils allassent là-bas[12] exercer leur talent.
Je conclus de cette aventure,
50 Qu'il ne faut pas tant d'art pour conserver ses jours,
Et grâce aux dons de la Nature,
La main est le plus sûr et le plus prompt secours.

---

11. Fournira ce qui manque.
12. Chez les morts.

LIVRE ONZIÈME

I

Le Lion

Sultan Léopard autrefois
Eut, ce dit-on, par mainte aubaine[1],
Force bœufs dans ses prés, force cerfs dans ses bois,
Force moutons parmi la plaine.
Il naquit un Lion dans la forêt prochaine.
Après les compliments et d'une et d'autre part,
Comme entre grands il se pratique,
Le Sultan fit venir son vizir[2] le Renard,
Vieux routier[3] et bon politique.
« Tu crains, ce lui dit-il, Lionceau mon voisin :
Son père est mort, que peut-il faire ?
Plains plutôt le pauvre orphelin.
Il a chez lui plus d'une affaire ;
Et devra beaucoup au destin
S'il garde ce qu'il a sans tenter de conquête. »
Le Renard dit branlant la tête :
« Tels orphelins, Seigneur, ne me font point pitié :
Il faut de celui-ci conserver l'amitié,
Ou s'efforcer de le détruire,
Avant que la griffe et la dent
Lui soit crue[4], et qu'il soit en état de nous nuire.
N'y perdez pas un seul moment.
J'ai fait son horoscope : il croîtra par la guerre.

---

1. Droit selon lequel un roi hérite des biens d'un étranger mort dans son royaume.
2. Conseiller, dans un univers oriental.
3. Homme d'expérience, fin et rusé.
4. *Lui soit crue* : ne lui ait poussé, c'est-à-dire avant qu'il ait grandi.

Livre onzième

>   Ce sera le meilleur Lion
>   Pour ses amis qui soit sur terre :
>   Tâchez donc d'en être, sinon
>   Tâchez de l'affaiblir. » La harangue[5] fut vaine.
>   Le Sultan dormait lors ; et dedans son domaine
>   Chacun dormait aussi, bêtes, gens ; tant qu'enfin
> 30   Le Lionceau devient vrai Lion. Le tocsin[6]
>   Sonne aussitôt sur lui ; l'alarme se promène
>   De toutes parts ; et le Vizir,
>   Consulté là-dessus dit avec un soupir :
>   « Pourquoi l'irritez-vous ? La chose est sans remède.
>   En vain nous appelons mille gens à notre aide.
>   Plus ils sont, plus il coûte ; et je ne les tiens bons
>   Qu'à manger leur part des moutons.
>   Apaisez le Lion : seul[7] il passe en puissance
>   Ce monde d'alliés vivants sur notre bien.
> 40   Le Lion en a trois[8] qui ne lui coûtent rien,
>   Son courage, sa force, avec sa vigilance.
>   Jetez-lui promptement sous la griffe un mouton :
>   S'il n'en est pas content, jetez-en davantage.
>   Joignez-y quelque bœuf : choisissez pour ce don
>   Tout le plus gras du pâturage.
>   Sauvez le reste ainsi. » Ce conseil ne plut pas,
>   Il en prit mal[9], et force États
>   Voisins du Sultan en pâtirent :
>   Nul n'y gagna ; tous y perdirent.
> 50   Quoi que fît ce monde ennemi,
>   Celui qu'ils craignaient fut le maître.
>   Proposez-vous d'avoir le Lion pour ami,
>   Si vous voulez le laisser craître[10].

---

5. Discours destiné à emporter l'adhésion.
6. Cloche que l'on sonne en cas d'alerte (incendie, guerre...).
7. À lui seul.
8. Trois alliés.
9. Mal lui en prit.
10. Croître, grandir. L'orthographe est là pour la rime.

Livre onzième

II

Pour Monseigneur le duc du Maine

Jupiter eut un fils qui se sentant du lieu[1]
        Dont il tirait son origine
        Avait l'âme toute divine.
L'enfance n'aime rien : celle du jeune Dieu
        Faisait sa principale affaire
        Des doux soins d'aimer et de plaire.
        En lui l'amour et la raison
Devancèrent le temps, dont les ailes légères
N'amènent que trop tôt, hélas ! chaque saison.
10 Flore[2] aux regards riants, aux charmantes manières,
Toucha d'abord le cœur du jeune Olympien.
Ce que la passion peut inspirer d'adresse,
Sentiments délicats et remplis de tendresse,
Pleurs, soupirs, tout en fut : bref, il n'oublia rien.
Le fils de Jupiter devait par sa naissance
Avoir un autre esprit et d'autres dons des Cieux,
        Que les enfants des autres Dieux.
Il semblait qu'il n'agît que par réminiscence[3],
Et qu'il eût autrefois fait le métier d'amant,
20   Tant il le fit parfaitement.
Jupiter cependant voulut le faire instruire.
Il assembla les Dieux, et dit : « J'ai su conduire
Seul et sans compagnon jusqu'ici l'Univers :
        Mais il est des emplois divers
        Qu'aux nouveaux Dieux je distribue.
Sur cet enfant chéri j'ai donc jeté la vue.

---

1. L'Olympe, siège de sa royauté.
2. Déesse des fleurs à Rome.
3. Chez les platoniciens, souvenir d'une connaissance acquise dans une vie antérieure, quand l'âme était détachée du corps.

Le duc du Maine (1670-1736)

Fils de Louis XIV et de Madame de Montespan, il est élevé comme les autres enfants adultérins du roi, par Madame Scarron, qui deviendra la marquise de Maintenon. Il a neuf ans quand la fable est imprimée.

Livre onzième

C'est mon sang : tout est plein déjà de ses Autels.
Afin de mériter le rang des immortels,
Il faut qu'il sache tout. » Le maître du Tonnerre
30 Eut à peine achevé que chacun applaudit.
Pour savoir tout, l'enfant n'avait que trop d'esprit.
    « Je veux, dit le Dieu de la guerre,
        Lui montrer moi-même cet art
        Par qui maints Héros ont eu part
Aux honneurs de l'Olympe[4], et grossi cet empire.
        – Je serai son maître de lyre[5],
        Dit le blond et docte Apollon[6].
– Et moi, reprit Hercule[7] à la peau de Lion,
    Son maître à surmonter les vices,
40 À dompter les transports[8], monstres empoisonneurs,
Comme Hydres[9] renaissants sans cesse dans les cœurs.
    Ennemi des molles délices,
Il apprendra de moi les sentiers peu battus
Qui mènent aux honneurs sur les pas des vertus. »
    Quand ce vint au Dieu de Cythère[10],
    Il dit qu'il lui montrerait tout.
L'Amour avait raison : de quoi ne vient à bout
    L'esprit joint au désir de plaire ?

---

4. Lieu où séjournent les dieux.
5. Instrument à cordes dont s'accompagnent les poètes dans l'Antiquité.
6. Dieu de la musique.
7. Héros connu pour ses douze « travaux », des exploits remarquables.
8. Élans de la passion.
9. Dans la mythologie grecque, dragon ou serpent légendaire à plusieurs têtes qui repoussent lorsqu'on les coupe.
10. Amour, fils de Vénus, célébrée sur l'île de Cythère.

III

Le Fermier, le Chien et le Renard

Le Loup et le Renard sont d'étranges voisins :
Je ne bâtirai point autour de leur demeure.
      Ce dernier guettait à toute heure
Les poules d'un Fermier ; et quoique des plus fins,
Il n'avait pu donner d'atteinte[1] à la volaille.
D'une part l'appétit, de l'autre le danger,
N'étaient pas au compère un embarras léger.
      « Hé quoi, dit-il, cette canaille,
      Se moque impunément de moi ?
      Je vais, je viens, je me travaille[2],
J'imagine cent tours ; le rustre[3], en paix chez-soi,
Vous fait argent de tout, convertit en monnaie,
Ses chapons[4], sa poulaille ; il en a même au croc[5] :
Et moi maître passé, quand j'attrape un vieux coq,
      Je suis au comble de la joie !
Pourquoi sire Jupin[6] m'a-t-il donc appelé
Au métier de Renard ? Je jure les puissances
De l'Olympe[7] et du Styx[8], il en sera parlé. »
      Roulant en son cœur ces vengeances,
Il choisit une nuit libérale[9] en pavots[10] :
Chacun était plongé dans un profond repos ;
Le Maître du logis, les valets, le chien même,
Poules, poulets, chapons, tout dormait. Le Fermier,
      Laissant ouvert son poulailler,
      Commit une sottise extrême.
Le voleur tourne tant qu'il entre au lieu guetté ;
Le dépeuple, remplit de meurtres la cité :

---

1. Toucher.
2. Donne du mal.
3. Le paysan.
4. Coqs castrés.
5. Crocher pour pendre la viande.
6. Autre nom de Jupiter.
7. Lieu où séjournent les dieux.
8. Fleuve des Enfers.
9. Très généreux.
10. Le dieu du Sommeil jetait des pavots sur ceux qui voulaient dormir. Les pavots du sommeil désignent ainsi le sommeil lui-même.

Livre onzième

Les marques de sa cruauté,

Parurent avec l'aube : on vit un étalage

De corps sanglants, et de carnage.
Peu s'en fallut que le Soleil

Ne rebroussât d'horreur vers le manoir liquide[11].

Tel, et d'un spectacle pareil,

Apollon irrité contre le fier Atride[12]
Joncha son camp de morts : on vit presque détruit
L'ost[13] des Grecs, et ce fut l'ouvrage d'une nuit.

Tel encore autour de sa tente
Ajax[14], à l'âme impatiente,

De moutons, et de boucs fit un vaste débris,
Croyant tuer en eux son concurrent Ulysse,

Et les auteurs de l'injustice
Par qui l'autre emporta le prix.

Le Renard, autre Ajax, aux volailles funeste,
Emporte ce qu'il peut, laisse étendu le reste.
Le Maître ne trouva de recours qu'à crier
Contre ses gens, son chien, c'est l'ordinaire usage.
« Ah maudit animal qui n'es bon qu'à noyer,
Que n'avertissais-tu dès l'abord du carnage ?
– Que ne l'évitiez-vous ? c'eût été plus tôt fait.
Si vous Maître et Fermier à qui touche le fait[15],
Dormez sans avoir soin que la porte soit close,
Voulez-vous que moi chien qui n'ai rien à la chose,
Sans aucun intérêt je perde le repos ? »

Ce Chien parlait très-à propos :
Son raisonnement pouvait être
Fort bon dans la bouche d'un Maître ;
Mais n'étant que d'un simple chien,

---

11. Allusion au festin d'Atrée. Atrée servit à son frère Thyeste ses enfants à dîner. Le soleil, horrifié, refusa d'éclairer la scène et se réfugia dans l'océan.

12. Agamemnon, roi des Grecs, qui refusait de rendre sa prisonnière Briséis à son père, prêtre d'Apollon.

13. Le camp, au sens militaire du terme.

14. Fou de jalousie que les armes d'Achille après sa mort aient été données à Ulysse, il massacre des moutons, pensant tuer son rival et les chefs grecs.

15. « À qui touche le fait » : qui êtes directement concerné.

On trouva qu'il ne valait rien.
On vous sangla[16] le pauvre drille[17].
60 Toi donc, qui que tu sois, ô père de famille,
(Et je ne t'ai jamais envié cet honneur,)
T'attendre aux yeux d'autrui, quand tu dors, c'est erreur.
Couche-toi le dernier, et vois fermer ta porte.
 Que si quelque affaire t'importe,
 Ne la fais point par procureur[18].

IV

Le Songe d'un habitant du Mogol

Jadis certain Mogol vit en songe un Vizir[1]
Aux champs Élysiens[2] possesseur d'un plaisir
Aussi pur qu'infini, tant en prix qu'en durée ;
Le même songeur vit en une autre contrée
 Un Ermite[3] entouré de feux,
Qui touchait de pitié même les malheureux.
Le cas parut étrange, et contre l'ordinaire ;
Minos[4] en ces deux morts semblait s'être mépris[5].
Le dormeur s'éveilla, tant il en fut surpris.
10 Dans ce songe pourtant soupçonnant du mystère,
 Il se fit expliquer l'affaire.
L'interprète lui dit : « Ne vous étonnez point ;
Votre songe a du sens ; et, si j'ai sur ce point
 Acquis tant soit peu d'habitude,
C'est un avis des Dieux. Pendant l'humain séjour,

---

16. Frappa à coups de sangles.
17. Soldat (terme péjoratif).
18. Intermédiaire.
Fable IV – 1. Conseiller, dans un univers oriental.
2. Le lieu où les morts se trouvent.
3. Un religieux retiré du monde.
4. Roi de la mythologie grecque qui, après sa mort, devint juge aux Enfers.
5. Trompé.

Le Mogol

Le terme Mogol désignait un pays oriental, situé dans les Indes. Un grand voyageur ami de La Fontaine, le philosophe François Bernier contribua à faire connaître cette région du monde à ses contemporains à travers les *Mémoires* qu'il rédigea à son retour d'Asie centrale.

Livre onzième

    Ce Vizir quelquefois cherchait la solitude ;
    Cet Ermite aux Vizirs allait faire sa cour. »

    Si j'osais ajouter au mot de l'interprète,
    J'inspirerais ici l'amour de la retraite[6] :
20   Elle offre à ses amants des biens sans embarras,
    Biens purs, présents du Ciel, qui naissent sous les pas.
    Solitude où je trouve une douceur secrète,
    Lieux que j'aimai toujours, ne pourrai-je jamais,
    Loin du monde et du bruit, goûter l'ombre et le frais ?
    Oh ! qui m'arrêtera sous vos sombres asiles[7] !
    Quand pourront les neuf Sœurs[8], loin des cours et des villes,
    M'occuper tout entier, et m'apprendre des cieux
    Les divers mouvements inconnus à nos yeux,
    Les noms et les vertus de ces clartés errantes[9],
30   Par qui sont nos destins et nos mœurs différentes ?
    Que si je ne suis né pour de si grands projets,
    Du moins que les ruisseaux m'offrent de doux objets !
    Que je peigne en mes vers quelque rive fleurie !
    La Parque[10] à filets d'or n'ourdira[11] point ma vie ;
    Je ne dormirai point sous de riches lambris[12] ;
    Mais voit-on que le somme en perde de son prix ?
    En est-il moins profond, et moins plein de délices ?
    Je lui voue au désert de nouveaux sacrifices.
    Quand le moment viendra d'aller trouver les morts,
40   J'aurai vécu sans soins[13], et mourrai sans remords.

---

6. Lieu où l'on se retire pour échapper à la vie sociale.
7. Refuges.
8. Les muses : les neuf filles de Zeus et Mnémosyne, qui représentent les arts nobles.
9. Périphrases pour les planètes.
10. Les Parques président à la destinée humaine. Voir p. 43.
11. Tissera (ici, ne tissera pas d'or, donc ne m'enrichira pas).
12. Revêtements de plâtre, de bois ou de marbre décorant les murs.
13. De quoi dormir et de quoi manger.

Livre onzième

V

Le Lion, le Singe et les deux Ânes

Le Lion, pour bien gouverner,
Voulant apprendre la morale,
Se fit un beau jour amener
Le Singe maître ès arts[1] chez la gent animale.
La première leçon que donna le Régent[2]
Fut celle-ci : « Grand Roi, pour régner sagement,
Il faut que tout Prince préfère
Le zèle de l'État à certain mouvement
Qu'on appelle communément
Amour-propre ; car c'est le père,
C'est l'auteur de tous les défauts
Que l'on remarque aux animaux.
Vouloir que de tout point[3] ce sentiment vous quitte,
Ce n'est pas chose si petite
Qu'on en vienne à bout en un jour :
C'est beaucoup de pouvoir modérer cet amour.
Par là, votre personnage auguste
N'admettra jamais rien en soi
De ridicule ni d'injuste.
– Donne-moi, repartit le Roi,
Des exemples de l'un et l'autre.
– Toute espèce, dit le Docteur,
Et je commence par la nôtre,
Toute profession s'estime dans son cœur,
Traite les autres d'ignorantes,
Les qualifie impertinentes[4],

---

1. Diplômé de l'université pour pouvoir enseigner la rhétorique et la philosophie.
2. Professeur de collège.
3. Totalement.
4. Sottes.

L'amour-propre

La notion d'amour-propre, dans la terminologie classique, désigne un amour de soi qui empêche les hommes de comprendre qu'ils ne sont rien (voir le texte de Pascal, p. 217). La toute-puissance de l'amour-propre, un défaut difficile à combattre chez l'homme, est une des cibles privilégiées des *Fables*.

Livre onzième

   Et semblables discours qui ne nous coûtent rien.
   L'amour-propre, au rebours[5], fait qu'au degré suprême
   On porte ses pareils ; car c'est un bon moyen
30   De s'élever aussi soi-même.
   De tout ce que dessus[6], j'argumente[7] très bien
   Qu'ici-bas maint talent n'est que pure grimace,
   Cabale[8], et certain art de se faire valoir,
   Mieux su des ignorants que des gens de savoir.

     L'autre jour suivant à la trace
   Deux Ânes qui, prenant tour à tour l'encensoir[9]
   Se louaient[10] tour à tour, comme c'est la manière,
   J'ouïs que l'un des deux disait à son confrère :
   « Seigneur, trouvez-vous pas bien injuste et bien sot
40   L'homme, cet animal si parfait ? Il profane
     Notre auguste nom, traitant d'*âne*
   Quiconque est ignorant, d'esprit lourd, idiot :
     Il abuse encore d'un mot,
   Et traite notre rire, et nos discours de *braire*.
   Les humains sont plaisants de prétendre exceller
   Par-dessus nous ! Non, non : c'est à vous de parler,
     À leurs orateurs de se taire :
   Voilà les vrais braillards ; mais laissons là ces gens.
     Vous m'entendez, je vous entends :
50   Il suffit. Et quant aux merveilles
   Dont votre divin chant vient frapper les oreilles,
   Philomèle[11] est, au prix[12], novice dans cet art :
   Vous surpassez Lambert[13]. » L'autre Baudet repart :

---

5. Au contraire.
6. De tout ce qui précède.
7. Déduis.
8. Campagne de dénigrement.
9. Instrument dans une église pour répandre de l'encens à la gloire d'une divinité : métaphoriquement, encenser, flatter.
10. Faisaient chacun l'éloge de l'autre.
11. Dans un récit d'Ovide, Philomèle se transforme en hirondelle pour échapper à la colère de Térée (voir p. 130).
12. En comparaison.
13. Michel Lambert (1610-1696), compositeur et chanteur, maître de la musique du Roi, mais aussi beau-père du compositeur Lully.

« Seigneur, j'admire en vous des qualités pareilles. »
Ces ânes, non contents de s'être ainsi grattés[14],
    S'en allèrent dans les cités
L'un l'autre se prôner[15] : chacun d'eux croyait faire,
En prisant[16] ses pareils, une fort bonne affaire,
Prétendant que l'honneur en reviendrait sur lui.

60
    J'en connais beaucoup aujourd'hui,
Non parmi les baudets, mais parmi les puissances[17]
Que le Ciel voulut mettre en de plus hauts degrés,
Qui changeraient entre eux les simples Excellences[18],
    S'ils osaient, en des Majestés.
J'en dis peut-être plus qu'il ne faut, et suppose
Que Votre Majesté gardera le secret.
Elle avait souhaité d'apprendre quelque trait
    Qui lui fit voir entre autre chose
L'amour-propre donnant du ridicule aux gens.
70 L'injuste aura son tour[19] : il y faut plus de temps. »
Ainsi parla ce Singe. On ne m'a pas su dire
S'il traita l'autre point ; car il est délicat ;
Et notre maître ès arts, qui n'était pas un fat[20],
Regardait ce Lion comme un terrible sire.

VI

Le Loup et le Renard

Mais d'où vient qu'au Renard Ésope[1] accorde un point ?
C'est d'exceller en tours pleins de matoiserie[2].
J'en cherche la raison, et ne la trouve point.

---

14. S'être flattés.
15. Se vanter.
16. Appréciant.
17. Les hauts dignitaires de l'État, par exemple les ministres du roi.
18. Titre honorifique que l'on emploie pour désigner des personnages importants qui ne sont pas princes, et que l'on ne peut donc nommer « altesse » ou « majesté ».
19. Ailleurs, je parlerai de l'homme injuste.
20. Idiot.
Fable VI – 1. Fabuliste grec dont s'inspire La Fontaine.
2. Ruse, fourberie.

Livre onzième

Quand le Loup a besoin de défendre sa vie,
         Ou d'attaquer celle d'autrui,
         N'en sait-il pas autant que lui ?
Je crois qu'il en sait plus, et j'oserais peut-être
Avec quelque raison contredire mon maître.
Voici pourtant un cas où tout l'honneur échut
À l'hôte des terriers[3]. Un soir il aperçut
La Lune au fond d'un puits : l'orbiculaire[4] image
         Lui parut un ample fromage.
         Deux seaux alternativement
         Puisaient le liquide élément.
Notre Renard pressé par une faim canine[5],
S'accommode[6] en celui qu'au haut de la machine
         L'autre seau tenait suspendu.
         Voilà l'animal descendu,
         Tiré d'erreur ; mais fort en peine,
         Et voyant sa perte prochaine.
Car comment remonter si quelque autre affamé
         De la même image charmé,
         Et succédant à sa misère
Par le même chemin ne le tirait d'affaire ?
Deux jours s'étaient passés sans qu'aucun vînt au puits ;
Le temps qui toujours marche avait pendant deux nuits
         Échancré[7] selon l'ordinaire
De l'astre au front d'argent la face circulaire.
         Sire Renard était désespéré.
         Compère Loup, le gosier altéré[8],
         Passe par là. L'autre dit : « Camarade,
Je vous veux régaler ; voyez-vous cet objet ?
C'est un fromage exquis. Le dieu Faune[9] l'a fait ;
         La vache Io[10] donna le lait.

---

3. Le renard.
4. Ronde.
5. Expression proverbiale : une faim de chien.
6. S'installe.
7. Découpé en forme de croissant.
8. Ayant soif.
9. Dieu des bois et des troupeaux.
10. Prêtresse de Junon que Jupiter transforma en vache. Il voulait ainsi la séduire sans attirer la jalousie de sa femme Junon.

Jupiter, s'il était malade,
Reprendrait l'appétit en tâtant d'un tel mets.
J'en ai mangé cette échancrure ;
Le reste vous sera suffisante pâture[11].
Descendez dans un seau que j'ai là mis exprès. »
Bien qu'au moins mal qu'il pût il ajustât l'histoire,
Le Loup fut un sot de le croire ;
Il descend, et son poids emportant l'autre part,
Reguinde[12] en haut maître Renard.

Ne nous en moquons point : nous nous laissons séduire
Sur aussi peu de fondement ;
Et chacun croit fort aisément
Ce qu'il craint, et ce qu'il désire.

VII

Le Paysan du Danube

Il ne faut point juger des gens sur l'apparence.
Le conseil en est bon ; mais il n'est pas nouveau :
Jadis l'erreur du Souriceau[1]
Me servit à prouver le discours que j'avance.
J'ai pour le fonder à présent
Le bon Socrate, Ésope[2], et certain Paysan
Des rives du Danube[3], homme dont Marc-Aurèle[4]
Nous fait un portrait fort fidèle.
On connaît les premiers ; quant à l'autre, voici
Le personnage en raccourci[5].

---

11. Repas.
12. Remonte.
Fable VII – 1. Allusion à la fable « Le Cochet, le Chat et le Souriceau » (Livre VI, fable V).
2. Ce philosophe et ce fabuliste, dit-on, étaient fort laids.
3. Fleuve d'Europe de l'Est.
4. Marc-Aurèle (IIe siècle ap. J.-C.) est un empereur et philosophe romain.
5. Résumé.

Livre onzième

Son menton nourrissait une barbe touffue,
   Toute sa personne velue
Représentait[6] un ours, mais un ours mal léché[7].
Sous un sourcil épais il avait l'œil caché,
Le regard de travers, nez tortu[8], grosse lèvre,
   Portait sayon[9] de poil de chèvre,
   Et ceinture de joncs marins.
Cet homme ainsi bâti fut député des villes
Que lave[10] le Danube : il n'était point d'asiles,
   Où l'avarice[11] des Romains
Ne pénétrât alors, et ne portât les mains.
Le député vint donc, et fit cette harangue[12] :
« Romains, et vous Sénat assis pour m'écouter,
Je supplie avant tout les Dieux de m'assister :
Veuillent les Immortels, conducteurs de ma langue,
Que je ne dise rien qui doive être repris !
Sans leur aide il ne peut entrer dans les esprits,
   Que tout mal et toute injustice :
Faute d'y[13] recourir on viole leurs lois.
Témoin nous[14] que punit la Romaine avarice :
Rome est par nos forfaits[15], plus que par ses exploits,
   L'instrument de notre supplice.
Craignez Romains, craignez, que le Ciel quelque jour
Ne transporte chez vous les pleurs et la misère,
Et mettant en nos mains par un juste retour
Les armes dont se sert sa vengeance sévère,
   Il ne vous fasse en sa colère
   Nos esclaves à votre tour.

---

6. Rappelait.
7. Difforme. On pensait que les ours naissaient sous la forme d'un tas informe et que ce n'était qu'à coups de langue qu'ils prenaient leur forme définitive.
8. Tordu.
9. Manteau grossier serré à la ceinture.
10. Baigne.
11. La cupidité, le goût de l'argent.
12. Discours.
13. De recourir à l'aide des dieux.
14. « Témoin nous » : notre personne en témoigne.
15. Crimes.

Livre onzième

Et pourquoi sommes-nous les vôtres ? Qu'on me die[16]
40 En quoi vous valez mieux que cent peuples divers.
Quel droit vous a rendus maîtres de l'univers ?
Pourquoi venir troubler une innocente vie ?
Nous cultivions en paix d'heureux champs, et nos mains
Étaient propres aux arts[17], ainsi qu'au labourage.
      Qu'avez-vous appris aux Germains ?
      Ils ont l'adresse et le courage :
      S'ils avaient eu l'avidité,
      Comme vous, et la violence,
Peut-être en votre place ils auraient la puissance,
50 Et sauraient en user sans inhumanité.
Celle que vos Prêteurs[18] ont sur nous exercée
      N'entre qu'à peine en la pensée.
      La majesté de vos autels[19]
      Elle-même en est offensée :
      Car sachez que les immortels
Ont les regards sur nous. Grâces à vos exemples ;
Ils n'ont devant les yeux que des objets d'horreur,
      De mépris d'eux, et de leurs Temples,
      D'avarice qui va jusques à la fureur.
60 Rien ne suffit aux gens qui nous viennent de Rome :
      La terre, et le travail de l'homme
Font pour les assouvir des efforts superflus.
      Retirez-les ; on ne veut plus
      Cultiver pour eux les campagnes ;
Nous quittons les Cités, nous fuyons aux[20] montagnes ;
      Nous laissons nos chères compagnes.
Nous ne conversons plus qu'avec des ours affreux,
Découragés de mettre au jour[21] des malheureux ;
Et de peupler pour Rome un pays qu'elle opprime.

---

16. Dise.
17. Artisanat.
18. Magistrats à la tête des provinces de l'Empire romain.
19. Tables sur lesquelles on offrait des sacrifices aux dieux durant l'Antiquité.
20. Vers les.
21. Faire naître.

Livre onzième

                    Quant à nos enfants déjà nés
Nous souhaitons de voir leurs jours bientôt bornés[22] :
Vos Prêteurs au malheur nous font joindre le crime[23].
    Retirez-les, ils ne nous apprendront
            Que la mollesse, et que le vice.
            Les Germains comme eux deviendront
            Gens de rapine[24] et d'avarice.
C'est tout ce que j'ai vu dans Rome à mon abord[25] :
            N'a-t-on point de présent à faire ?
Point de pourpre[26] à donner ? C'est en vain qu'on espère
Quelque refuge aux[27] lois : encor leur ministère[28]
A-t-il mille longueurs. Ce discours un peu fort
            Doit commencer à vous déplaire.
            Je finis. Punissez de mort
            Une plainte un peu trop sincère. »
À ces mots il se couche, et chacun étonné
Admire le grand cœur, le bon sens, l'éloquence
            Du sauvage ainsi prosterné.
On le créa Patrice[29] ; et ce fut la vengeance,
Qu'on crut qu'un tel discours méritait. On choisit
            D'autres Prêteurs, et par écrit
Le Sénat demanda ce qu'avait dit cet homme,
Pour servir de modèle aux parleurs à venir.
            On ne sut pas longtemps à Rome
            Cette éloquence[30] entretenir.

---

22. Finis.
23. Celui de souhaiter la mort de leurs enfants.
24. Vol, pillage.
25. À mon arrivée.
26. Teinture de couleur rouge, symbole des honneurs, utilisée pour l'habit des magistrats romains.
27. Dans les.
28. Les actes de ceux qui servent cette justice.
29. Titre honorifique romain créé par l'empereur Constantin (IVe siècle ap. J.-C.).
30. Art de bien parler.

VIII

Le Vieillard et les trois jeunes Hommes

Un octogénaire[1] plantait[2].
Passe encor de bâtir ; mais planter à cet âge !
Disaient trois jouvenceaux[3] enfants du voisinage,
  Assurément il radotait[4].
  « Car au nom des Dieux, je vous prie,
Quel fruit de ce labeur[5] pouvez-vous recueillir ?
Autant qu'un Patriarche[6] il vous faudrait vieillir.
  À quoi bon charger votre vie
Des soins[7] d'un avenir qui n'est pas fait pour vous ?
Ne songez désormais qu'à vos erreurs passées :
Quittez le long espoir, et les vastes pensées ;
  Tout cela ne convient qu'à nous.
  – Il ne convient pas à vous-mêmes,
Repartit[8] le Vieillard. Tout établissement[9]
Vient tard et dure peu. La main des Parques[10] blêmes
De vos jours, et des miens se joue également.
Nos termes[11] sont pareils par leur courte durée.
Qui de nous des clartés de la voûte azurée[12]
Doit jouir le dernier ? Est-il aucun moment
Qui vous puisse assurer d'un second seulement ?
Mes arrière-neveux[13] me devront cet ombrage :
  Hé bien défendez-vous au sage
De se donner des soins[14] pour le plaisir d'autrui ?
Cela même est un fruit que je goûte aujourd'hui :
J'en puis jouir demain, et quelques jours encore :

---

1. Vieillard de 80 ans.
2. Faisait planter.
3. Jeunes gens.
4. Tenait des propos stupides.
5. Résultat de ce travail pénible.
6. Personnage biblique à la longévité remarquable.
7. Soucis
8. Répondit.
9. Ce que l'on construit dans une vie.
10. Divinités maitresses du destin de chaque homme : elles fixent la durée de sa vie. Voir p. 43.
11. Limites de nos vies.
12. Ciel.
13. Ce terme désigne toute la descendance.
14. Soucis.

Livre onzième

>   Je puis enfin compter l'aurore
>   Plus d'une fois sur vos tombeaux. »
> Le Vieillard eut raison ; l'un des trois jouvenceaux
> Se noya dès le port allant à l'Amérique.
> L'autre, afin de monter aux grandes dignités,
> Dans les emplois de Mars[15] servant la République,
> Par un coup imprévu vit ses jours emportés.
>   Le troisième tomba d'un arbre
>   Que lui-même il voulut enter[16] :
> Et pleurés[17] du Vieillard, il grava sur leur marbre
>   Ce que je viens de raconter.

« Le Vieillard et les trois jeunes Hommes », illustration de J.-B. Oudry (1650-1755), BnF, Paris.

---

15. Dieu de la guerre.
16. Greffer.
17. Ils sont pleurés par le vieillard.

Explication de texte 7

« Le Vieillard et les trois jeunes Hommes »
→ p. 185 à 186

Pourquoi La Fontaine fait-il l'éloge de la vieillesse ?

SITUER

1. Cherchez le sens de « épitaphe ». En quoi ce texte en est-il une ?
2. Pourquoi les trois jeunes gens se moquent-ils du vieillard ?

COMPRENDRE

Un récit enlevé → vers 1 à 4

3. Comment le fabuliste rend-il le début de son récit dynamique ?

Un débat enflammé → vers 5 à 27

4. Vers 5 à 12. Pourquoi cela semble-t-il ridicule aux trois jeunes gens qu'un vieillard plante des arbres ?
5. Comment ces trois personnages sont-ils présentés ?
6. Vers 13 à 27, quels sont les contre-arguments avancés par le vieillard ?
7. Comment ce dernier est-il présenté ?

UNE FIN TRAGIQUE → vers 28 à 36

8. Vers 28 à 36 : de quoi meurent les trois jeunes gens ?
9. Comment comprenez-vous les deux derniers vers ? Pourquoi la fin du récit est-elle précipitée ?

CONCLURE

10. Quelle est la morale de cette fable ?
11. Quel sens pourriez-vous lui donner dans le contexte de la Querelle des Anciens et des Modernes (voir p. 10) ?

ÉTUDE DE LA LANGUE

Faites une analyse syntaxique des deux vers suivants :

« Car au nom des Dieux, je vous prie, / Quel fruit de ce labeur pouvez-vous recueillir ? »

Livre onzième

IX

Les Souris et le Chat-Huant

Il ne faut jamais dire aux gens,
Écoutez un bon mot, oyez une merveille.
Savez-vous si les écoutants[1]
En feront une estime à la vôtre pareille ?
Voici pourtant un cas qui peut être excepté.
Je le maintiens prodige[2], et tel que d'une fable.
Il a l'air et les traits, encor que véritable.

On abattit un pin pour son antiquité,
Vieux Palais d'un hibou, triste et sombre retraite
De l'oiseau qu'Atropos[3] prend pour son interprète.
Dans son tronc caverneux, et miné par le temps.
Logeaient entre autres habitants
Force souris sans pieds, toutes rondes de graisse.
L'Oiseau les nourrissait parmi des tas de blé,
Et de son bec avait leur troupeau mutilé.
Cet Oiseau raisonnait. Il faut qu'on le confesse.
En son temps aux Souris le compagnon chassa
Les premières qu'il prit du logis échappées.
Pour y remédier, le drôle[4] estropia[5]
Tout ce qu'il prit ensuite. Et leurs jambes coupées
Firent qu'il les mangeait à sa commodité,
Aujourd'hui l'une, et demain l'autre.
Tout manger à la fois, l'impossibilité
S'y trouvait, joint aussi le soin de sa santé.
Sa prévoyance allait aussi loin que la nôtre ;
Elle allait jusqu'à leur porter
Vivres et grains pour subsister.

---

1. Les auditeurs.
2. Phénomène extraordinaire.
3. Une des Parques (voir p. 43). Son interprète est le hibou, qui a la réputation d'annoncer le malheur.
4. Personnage comique mais un peu sot, et dont on doit se méfier.
5. Coupa les jambes.

Puis, qu'un Cartésien s'obstine
À traiter ce hibou de montre, et de machine[6],
Quel ressort lui pouvait donner
Le conseil de tronquer[7] un peuple mis en mue[8] ?
Si ce n'est pas là raisonner,
La raison m'est chose inconnue.
Voyez que d'arguments il fit :
« Quand ce peuple est pris il s'enfuit :
Donc il faut le croquer aussitôt qu'on le happe[9].
Tout, il est impossible[10]. Et puis pour le besoin
N'en dois-je pas garder ? donc il faut avoir soin
De le nourrir sans qu'il échappe.
Mais comment ? ôtons-lui les pieds ». Or trouvez-moi
Chose par les humains à sa fin mieux conduite.
Quel autre art de penser Aristote[11] et sa suite
Enseignent-ils par votre foi[12] ?

Ceci n'est point une Fable, et la chose quoique merveilleuse et presque incroyable, est véritablement arrivée. J'ai peut-être porté trop loin la prévoyance de ce hibou ; car je ne prétends pas établir dans les bêtes un progrès de raisonnement tel que celui-ci ; mais ces exagérations sont permises à la Poésie, surtout dans la manière d'écrire dont je me sers.[13]

---

6. Allusion au « Discours à Madame de la Sablière », p. 132 à 140.
7. Mutiler.
8. Cage circulaire sans fond où l'on met les volailles pour les engraisser.
9. Attrape.
10. Tout croquer, cela est impossible.
11. Philosophe grec du IVe siècle av. J.-C.
12. En vous demandant une réponse sincère.
13. Cette note est de La Fontaine.

Livre onzième

Épilogue

C'est ainsi que ma Muse[1], aux bords d'une onde pure,
        Traduisait en langue des Dieux[2]
        Tout ce que disent sous les cieux
Tant d'êtres empruntant la voix de la nature.
        Truchement[3] de peuples divers,
Je les faisais servir d'acteurs en mon ouvrage :
        Car tout parle dans l'univers ;
        Il n'est rien qui n'ait son langage.
Plus éloquents chez eux qu'ils ne sont dans mes vers,
Si ceux que j'introduis me trouvent peu fidèle,
Si mon œuvre n'est pas un assez bon modèle,
        J'ai du moins ouvert le chemin :
D'autres pourront y mettre une dernière main.
Favoris des neuf Sœurs[4], achevez l'entreprise ;
Donnez mainte leçon que j'ai sans doute omise :
Sous ces inventions il faut l'envelopper.
Mais vous n'avez que trop de quoi vous occuper :
Pendant le doux emploi de ma muse innocente,
Louis dompte l'Europe, et d'une main puissante,
        Il conduit à leur fin les plus nobles projets
        Qu'ait jamais formés un monarque.
Favoris des neuf Sœurs, ce sont là des sujets
        Vainqueurs du temps et de la Parque[5].

---

1. Une divinité qui représente un art, et qui figure l'inspiration poétique. Voir note 4.
2. La poésie.
3. Interprète.
4. Les Muses : les neuf filles de Zeus et de Mnémosyne, déesse de la Mémoire, qui représentent les arts.
5. Divinité qui maîtrise le destin humain.

LE DOSSIER du lycéen

▶ **Testez votre lecture** 192

▶ **Comprendre l'œuvre**
   1. Des personnages imaginaires 194
   • **Lecture d'image** 195
   2. L'art du récit ou les « enrichissements » de l'imagination ... 196
   3. La satire de la cour 198

▶ **Explorer le parcours associé :**
Imagination et pensée au XVIIe siècle

LES THÈMES

   1. Le combat de l'imagination et de la raison 201
   2. L'imagination comme enveloppe
      de la pensée dans la fable 203
   3. Penser grâce à l'imagination :
      la fable, lieu d'expérimentation 205
   4. Le triomphe de l'imagination 207
   • **Lecture d'image** 208

GROUPEMENTS DE TEXTES

▶ **❶ Les moralistes, de l'image à l'idée**
   1. La Rochefoucauld, *Maximes*, 1664 210
   2. Pascal, *Les Pensées*, 1670 211
   3. La Bruyère, *Les Caractères*, 1688 212

▶ **❷ L'apologue, ou l'art d'imaginer pour mieux penser**
   1. Savinien Cyrano de Bergerac,
      Histoire comique des États et Empires de la Lune, 1657 214
   2. Fontenelle, *Entretiens sur la pluralité des mondes*, 1686 216
   3. Perrault, *Histoires ou contes du temps passé*, 1697 217

▶ **Vers le BAC** 219
   • **La dissertation** 219
   • **L'oral** 224

▶ **Lexique** 232

▶ **Conseils de lecture** 234

▶ **Index des fables** 236

Testez votre lecture

La Fontaine conteur

1. La Fontaine ne met pas en scène que des animaux. Quels autres personnages peuplent ses récits ?

2. Quels pays autres que la France sont mentionnés dans les fables ?

3. Chez quel fabuliste de l'Antiquité La Fontaine puise-t-il principalement son inspiration ?

4. Quel est le rôle du discours direct dans le récit ? Relevez des exemples de fables où le dialogue rapporté au style direct est si important que la fable s'apparente à une petite pièce de théâtre.

5. Quelles sont les fables qui obéissent à un schéma narratif particulièrement complexe ? Repérez, par exemple, des fables qui proposent un apologue enchâssé, une fable dans la fable.

La Fontaine poète

1. Quels sont les vers les plus souvent employés dans les fables ?

2. Toutes les fables sont-elles hétérométriques (avec des vers de longueurs différentes) ? Quel est l'effet produit par l'emploi de vers longs et de vers courts dans une même fable ? Appuyez-vous sur quelques exemples précis.

3. Citez une fable qui s'apparente à de la poésie amoureuse.

La Fontaine moraliste

1. Les morales des fables sont-elles toujours placées au même endroit ?
2. Toutes les fables sont-elles accompagnées d'une morale explicite ? Pourquoi ? Distinguez différentes formes de morale : conseils, constat...
3. Quels sont les principaux thèmes sur lesquels portent les moralités ?
4. Quels défauts La Fontaine condamne-t-il avec le plus de vigueur ?
5. Quel regard La Fontaine porte-t-il sur l'argent ? Justifiez votre réponse.

La Fontaine satiriste

1. Quel animal incarne le plus souvent le roi dans les *Fables* ? Pourquoi ?
2. Quelles sont les principales caractéristiques du roi ?
3. Quelles relations le roi entretient-il avec ceux qui l'entourent ? Appuyez-vous sur des exemples précis.
4. Quels sont les courtisans qui réussissent le mieux à la cour ? Pourquoi ?
5. Dans quelles fables La Fontaine traite-t-il de la guerre ? Quels propos tient-il à ce sujet ?

Comprendre l'œuvre

1 Des personnages imaginaires

- Dans ce deuxième recueil des *Fables*, qui regroupe les livres VII à XI, La Fontaine ne jure que par la variété. C'est ici qu'intervient son imagination, qui se retrouve dans le choix des personnages. Certes, on rencontre dans ce recueil des animaux dont le symbolisme s'inscrit dans une longue tradition, tel le lion, incarnation du pouvoir (« Les Animaux malades de la Peste », p. 17 ; « La Cour du Lion », p. 28), ou encore le renard rusé (« Le Lion, le Loup et le Renard », p. 57). Mais ils cotoient des humains, et parfois aussi d'étranges créatures.

Les animaux

- Tous les animaux ne peuvent être mis sur le même plan. Certains sont exotiques et font rêver : l'éléphant, « *animal à triple étage* » (« Le Rat et l'Éléphant », p. 80), ou le léopard à la peau « *bigarrée, / Pleine de taches, marquetée, / Et vergetée, et mouchetée* » (« Le Singe et le Léopard », p. 110). D'autres, au contraire, rappellent que La Fontaine connaît bien la campagne française : on rencontre dans les fables des animaux de la ferme : des poules (« Les deux Coqs », p. 40), des moutons (« Le Berger et son troupeau », p. 131)...

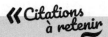
Citations à retenir

« *L'attelage suait, soufflait, était rendu* »
« Le Coche et la Mouche », p. 31

« *Une mouche survient, et des chevaux s'approche,* […] *Pique l'un, pique l'autre* »
« Le Coche et la Mouche », p. 31

« *Il aiguisait son bec, battait l'air de ses flancs* »
« Les deux Coqs », p. 41

- La Fontaine prend toujours soin de nous donner à voir ces animaux, qui existent en tant que tels avant d'être des supports à l'allégorie. Ainsi, dans « Le Coche et la Mouche » (p. 40), on perçoit à la fois la fatigue des chevaux, et la fébrilité de la mouche. Les animaux sont ensuite dotés d'un langage – parfois fort habilement maîtrisé, comme c'est le cas pour le cerf dans « Les Obsèques de la Lionne » (p. 77) – et d'un caractère, à l'instar de la belette, une « *rusée* ». Dans « Le Chat, la Belette et le petit Lapin » (p. 47).

- Les animaux sont organisés en une société hiérarchisée, ce qui favorise l'analogie entre eux et les hommes. D'ailleurs, ce second volume présente une réflexion sur la condition animale, qui fait écho aux propos de Descartes sur les animaux-machines. Ce dernier affirme en effet que les animaux sont des assemblages de pièces, dénués de conscience. Dans son « Discours à Madame de la Sablière », le fabuliste se distingue du philosophe en écrivant : « *J'attribuerais à l'animal / Non point une raison selon notre manière : / Mais beaucoup plus aussi qu'un aveugle ressort.* »

Lecture d'image → Voir au verso de la couverture, en début d'ouvrage

Illustration de Grandville, pour « L'Ours et l'Amateur des jardins », 1837-1838, bibliothèque municipale de Nancy.

- Né en 1803, le peintre et dessinateur Grandville s'installe à 20 ans à Paris. Connu pour ses caricatures, il publie de nombreux dessins dans la presse. Ses illustrations des *Fables* cherchent à rendre compte fidèlement de la scène décrite par La Fontaine, en donnant vie aux personnages, mais aussi à traduire la morale.

1. La représentation du jardinier correspond-elle à sa description dans la fable ?

2. Quels éléments de la gravure sont fidèles au récit ?

3. Qu'y a-t-il d'anthropomorphique dans l'ours ? Que reste-t-il de l'animal ?

Les humains

- La Fontaine met en scène davantage de personnages humains que dans le précédent recueil de fables. Il campe des personnages de catégories diverses, auxquels il attribue des manières de s'exprimer qui les distinguent et les identifient. Ainsi, Garo, « *un villageois* », parle familièrement, employant des interjections et des jurons et malmenant conjugaison et concordance des temps : « *Hé parbleu, je l'aurais pendue* » et « *C'est dommage, Garo, que tu n'es point entré* », (« Le Gland et la Citrouille », p. 111). En revanche, dans « Le Bassa et le Marchand » (p. 86), le Bassa manie un langage travaillé : « *Sans tant de Dialogue / Et de raisons qui pourraient t'ennuyer / Je ne te veux conter qu'un apologue* ». On croise de même des sages comme des fous, des modèles à suivre (le savetier) et des repoussoirs (le financier).

Comprendre l'œuvre

Des personnages de conte

• Des fables contiennent également des êtres fantastiques, qui rappellent l'univers du conte. Ainsi un « follet » intervient dans « Les Souhaits » (p. 26), fable que parodie Charles Perrault dans « Les Souhaits ridicules ». Renvoient également à l'univers du conte les objets animés comme un cierge « *qui ne savait grain de philosophie* » (« Le Cierge », p. 122).

• Comme dans le premier recueil, La Fontaine fait en sorte que « *tout parle en son ouvrage* » et recherche la plus grande variété possible dans les personnages de ses récits, conforme en cela à ce qu'il affirme dans l'avertissement (p. 14) : « *j'ai tâché de mettre en ces deux dernières parties toute la diversité dont j'étais capable.* »

2 L'art du récit ou les « enrichissements » de l'imagination

Dans l'avertissement du deuxième recueil, La Fontaine évoque également la rédaction des récits : « *Il a donc fallu que j'aie cherché d'autres enrichissements, et étendu davantage les circonstances de ces récits.* » Le fabuliste a donc laissé libre cours à son imagination.

Le développement des circonstances

Le premier constat que l'on peut faire est que les fables des livres VII à XI sont, dans l'ensemble, plus longues que celles du premier recueil. Cela permet au fabuliste de développer les « *circonstances* » : il donne davantage de relief au décor, approfondit les portraits des personnages, augmente le nombre de péripéties.

• La Fontaine situe certains de ces récits dans des lieux précis. On peut prendre l'exemple de la fable « Les deux Aventuriers et le Talisman » (p. 161). Le récit a beau se situer dans un espace imaginaire, « *au pays des romans* », on y reconnaît « *un torrent* » et « *un mont* ». Pour ce qui est des lieux réels, on peut citer des endroits aussi différents qu'Abdère, une ancienne colonie grecque (« Démocrite et les Abdéritains », p. 99), que les régions d'Asie comme le Mogol ou même le Japon (« L'Homme qui court après la Fortune et l'Homme qui l'attend dans son lit », p. 37).

• Les descriptions des personnages permettent de se les représenter. La description du « Paysan du Danube » (p. 181) rend compte de son caractère rustre et quelque peu exotique : « *Son menton nourrissait une barbe touffue, / Toute sa personne velue / Représentait un ours, mais un ours mal léché.* »

- À mesure que le récit se développe, le nombre de péripéties augmente. Dans « Les deux Pigeons » (p. 106), le pigeon voyageur est successivement victime des intempéries, d'un piège, d'un vautour, d'un aigle et enfin d'un enfant armé d'une fronde. On est loin de l'esthétique de concentration de la fable telle qu'elle était pratiquée par Ésope.

La parenté de la fable avec d'autres genres littéraires

La fable, dans ces développements, prend des allures de contes. Elle peut aussi s'apparenter à d'autres genres littéraires.

- Avec des dialogues qui occupent une place importante, la fable tend vers le théâtre. La première fable du livre VII, « Les Animaux malades de la Peste » fait ainsi figure de véritable tragédie. Placée sous le signe du destin (« *Mal que le Ciel en sa fureur* »), accordant une large place à la parole des protagonistes, au détriment de la narration ou de la description, elle se termine par la mort du héros innocent : « *Rien que la mort n'était capable / D'expier son forfait.* »

- D'autres fables rappellent des poèmes scientifiques, dans la lignée du *De rerum natura* du poète épicurien Lucrèce. « Un Animal dans la lune » (p. 50) réconcilie de cette façon Descartes qui « *assure / Que toujours par leurs sens les hommes sont dupés* » et Gassendi pour qui les sens « *ne nous ont jamais trompés* ».

- Le long poème qui clôt le livre IX, hommage à Madame de la Sablière (p. 132), dépasse de beaucoup le cadre de la fable. Ce texte philosophique, qui contient un apologue, permet à son auteur de prendre part dans un débat qui oppose les philosophes : les animaux ont-ils une intelligence, et ont-ils une âme ?

Les interventions du narrateur

Dans ces récits, La Fontaine devenu narrateur intervient à la première personne.

- Par moments, il expose ses sentiments et fait des confidences au lecteur. Ainsi, il a le courage de se peindre « *gros Jean comme devant* », c'est-à-dire ridiculisé, après un épisode de rêverie éveillée : « *Quand je suis seul, je fais au plus brave un défi ; / Je m'écarte, je vais détrôner le Sophi* » (« La Laitière et le Pot au lait », p. 33). C'est encore sur le ton de la confidence intime que le « je » lyrique s'adresse au lecteur dans « Les deux Pigeons » (p. 108) : « *Ah si mon cœur osait encore se renflammer ! / Ne sentirais-je plus de charme qui m'arrête ? / Ai-je passé le temps d'aimer ?* » Il prend plaisir à exposer ses sentiments, sur un ton pudique, lorsqu'il évoque l'amour ou l'amitié.

Comprendre l'œuvre

• À d'autres endroits, La Fontaine intervient en tant que moraliste. Soit il se peint en observateur de la vie de son temps (« *J'ai vu beaucoup d'Hymens* » dans « Le mal marié », p. 19 ; « *Je sais même sur ce fait / Bon nombre d'hommes qui sont femmes* » dans « Les Femmes et le Secret », p. 64), soit il se présente comme un homme logique et réfléchi qui construit des raisonnements à partir des récits qu'il vient de faire : « *Je conclus qu'il faut qu'on s'entraide* » (« L'Âne et le Chien », p. 85).

Ainsi, Jean de La Fontaine enrichit l'art de la fable en lui permettant d'adopter tour à tour plusieurs visages et d'englober différents genres littéraires.

« Citations à retenir

« *Vous puis-je offrir mes vers et leurs grâces légères ?* »
« Le Pouvoir des Fables », p. 60

« *Je hais les pièces d'éloquence
Hors de leur place, et qui n'ont point
de fin ;
Et ne sais bête au monde pire
Que l'écolier, si ce n'est le pédant.* »
« L'Écolier, le Pédant, et le Maître d'un jardin », p. 113

La grâce des récits contre la pesanteur du discours

• La présence au cœur des *Fables* d'un La Fontaine intelligent, critique, philosophe, mais aussi facétieux et rêveur donne à ces textes la finesse et la légèreté qui font leur prix. Son œil rusé et sa plume habile révèlent d'un trait, et d'un vers, une situation cocasse, scandaleuse, poétique ou tragique. Dans les fables, la fantaisie et l'inventivité du cadre, alliés à l'allégresse du récit s'opposent à toute lourdeur rhétorique.

3 La satire de la cour

La Fontaine a toujours entretenu des relations conflictuelles avec Louis XIV. Attaque personnelle ou critique de la tyrannie, il fait un portrait sans concession de la cour et de son maître.

Le Roi-Lion

• Le plus souvent, c'est le lion qui incarne le roi, et sa principale caractéristique est sa cruauté. Cela apparaît particulièrement dans « La Cour du Lion » (p. 28), où il suffit que le Lion-roi soit « *irrité* » d'une grimace pour qu'il envoie l'ours « *chez Pluton* », le dieu des Enfers. La Fontaine met en évidence sa cruauté en en faisant « *un parent de Caligula* », célèbre tyran romain. On retrouve cette férocité dans « Le Chat, la Belette et le petit Lapin » (p. 47), où le chat jette « *des deux côtés la griffe en même temps* », ou encore dans « Le Lion, le Loup et le Renard », où la violence du roi envers le loup se manifeste par une énumération de verbes d'action : « *On écorche, on taille, on démembre* », (p. 58). La Fontaine fait un portrait peu flatteur du souverain auquel il reproche d'être injuste. Ainsi, dans « Les Animaux malades de la Peste » (p. 17), on condamne l'âne pour avoir mangé quelques brins d'herbe, tandis que le roi, qui a tué le berger, est épargné.

- Pour autant, ce roi tout puissant et d'une cruauté souvent redoutable a parfois pour ses sujets l'attitude d'un père de famille. Dans la fable assez obscure « Jupiter et les Tonnerres » (p. 89), on peut le reconnaître sous les traits de Jupiter. Il souhaite châtier un peuple indocile. Cependant, alors que les dieux qui répondent à ses ordres (les ministres) sont prêts à envoyer sur les hommes un feu mortel, Jupiter leur fait peur mais choisit de les épargner en détournant la foudre sur des montagnes inhabitées.

- Le danger, c'est que le roi, pourtant censé incarner la puissance et la force, se laisse facilement manipuler par les courtisans les plus habiles. C'est généralement le renard, rusé, qui parvient à ses fins. Dans « Le Lion, le Loup et le Renard » par exemple, il persuade le lion d'exécuter le Loup sous prétexte de retrouver sa jeunesse : « *D'un Loup écorché vif appliquez-vous la peau / Toute chaude et toute fumante ; / Le secret sans doute en est beau / Pour la nature défaillante.* » (p. 57). Il s'appuie sur l'orgueil du roi pour le faire agir comme il le veut. Dans « Les Obsèques de la Lionne » le cerf échappe à une mort cruelle en prétendant que la Reine lui est apparue : « *Votre digne moitié couchée entre des fleurs, / Tout près d'ici m'est apparue* » (p. 79). Le roi, parce qu'il entend régner sans partage et parce qu'il en tire de l'orgueil, présente une faiblesse dont certains parviennent à profiter.

« Citations à retenir

« *Peuple Caméléon, peuple singe du maître*
On dirait qu'un esprit anime mille corps ; »

« Les Obsèques de la Lionne », p. 79

« *[...] mieux vaut en bonne foi*
S'abandonner à quelque puissant roi
Que s'appuyer de plusieurs petits princes. ? »

« Le Marchand et le Bassa », p. 88

Les courtisans

- Dans « Les Obsèques de la Lionne », La Fontaine prend la parole en son nom propre pour exposer sa vision des courtisans. Il insiste sur leur absence de personnalité ou de convictions. Ils n'ont aucune opinion, aucun sentiment qui leur soit propre : « *Tristes, gais, prêts à tout, à tout indifférents* » (p. 77). Tels des pantins, ils ne sont animés que par leur désir de plaire au roi, de l'imiter.

- Les très nombreux courtisans qui se pressent à Versailles veulent tous obtenir du roi quelque faveur. La Fontaine l'évoque à travers le personnage du Bassa (« Le Bassa et le Marchand », p. 86 qui offre une protection efficace mais exigeante au Marchand). Cette quête instaure une grande rivalité entre les courtisans qui sont prêts à recourir à mille et une ruses pour éliminer leurs rivaux. Dans « Le Lion, le Loup et le Renard » (p. 57), le renard se venge cruellement des calomnies du loup en conseillant au roi d'écorcher ce dernier : « *D'un Loup écorché vif appliquez-vous la peau / Toute chaude et toute fumante* ». Dans « Le Berger et le Roi » (p. 153), l'ensemble des courtisans s'en prend à l'honnête berger : « *Mainte peste de cour fit tant, par maint ressort, / Que la candeur du juge, ainsi que son mérite, / Furent suspect au Prince. On cabale, on suscite / Accusateurs, et gens grevés par ses arrêts* ».

Guide de survie en milieu hostile

- Parmi les fables qui visent la cour et le roi, certaines (« Les Animaux malades de la Peste », p. 17, « Le Chat, la Belette et le petit Lapin », p. 47, « Le Berger et le Roi », p. 153) se terminent sur un constat, et une vision pessimiste de la cour. D'autres (« La Cour du Lion », p. 28 « Le Lion, le Loup et le Renard », p. 57, « Les Obsèques de la Lionne », p. 77) se terminent sur un conseil pour mieux vivre à la cour. On peut dire que les constats pessimistes que formule La Fontaine au sujet de la cour et des courtisans le conduisent à formuler des conseils pour y survivre. Il ne prône pas la sagesse. Il suggère plutôt de prendre la mesure des vices qui règnent à la cour et des faiblesses du roi pour y survivre.

- Ainsi, il encourage à ne pas prendre position de manière trop catégorique (« *Et tâchez quelquefois de répondre en Normand* », dans « La Cour du Lion », p. 28), de ne pas médire trop méchamment pour éviter toute vengeance de la part de ceux que vous auriez critiqués (« *Faites si vous pouvez votre cour sans vous nuire* », dans « Le Lion, le Loup et le Renard », p. 57). Enfin, il montre que l'art de la fiction peut servir à la cour : « *Amusez les Rois par des songes.* » On peut d'ailleurs se demander si La Fontaine n'est pas le premier à appliquer les conseils qu'il donne à ses lecteurs.

Explorer le parcours associé : Imagination et pensée au XVIIe siècle

LES THÈMES

1 Le combat de l'imagination et de la raison

Les sens sont trompeurs

- Les relations entre l'imagination et la pensée sont liées à un désir de vérité qui est au centre de l'esthétique classique. Boileau n'affirme-t-il pas dans sa neuvième *Épître*, « Rien n'est beau que le vrai : le vrai seul est aimable » ?

- Il s'agit donc, pour les auteurs classiques, d'interroger les capacités respectives de l'imagination et de la pensée à atteindre la vérité.

- Au XVIIe siècle, on observe des réticences à l'égard de l'imagination, au même titre qu'à l'égard des sens, trompeurs. Descartes, par exemple, s'appuie sur des illusions d'optique pour mettre en garde contre les sens. S'ils sont parfois capables de me tromper, alors, je ne peux leur accorder ma confiance. Ce défaut impose de placer les sens sous l'autorité de la raison, ainsi que le rappelle La Fontaine dans « Un Animal dans la Lune » (p. 50) :

> *[...] la philosophie*
> *Dit vrai, quand elle dit que les sens tromperont*
> *Tant que sur leur rapport les hommes jugeront ;*
> *Mais aussi, si l'on rectifie*
> *L'image de l'objet sur son éloignement,*
> *Sur le milieu qui l'environne,*
> *Sur l'organe et sur l'instrument,*
> *Les sens ne tromperont personne.*

ÉCLAIRAGE Pascal, *Les Pensées*, « Vanité », 1670

> Le plus grand philosophe du monde, sur une planche plus large qu'il ne faut, s'il y a au-dessous un précipice, quoique sa raison le convainque de sa sûreté, son imagination prévaudra. Plusieurs n'en sauraient soutenir la pensée sans pâlir et suer.

Explorer le parcours associé : Imagination et pensée au XVIIe siècle

> **Question**
>
> - Connaissez-vous d'autres situations où votre imagination vous joue des tours ?

Les ruses de l'imagination pour défier la raison

- Descartes montre que l'imagination, même si elle contribue à la connaissance, est doublement imparfaite. D'une part, quand elle essaie d'imaginer ce qu'est un objet, elle prend pour point de départ l'image que lui renvoient les sens, image qui est trompeuse. Elle ne peut donc concevoir quelle est sa vraie nature. D'autre part, quand la raison veut elle-même produire une image, l'imagination se révèle incapable de former des images claires d'un objet complexe. On peut ainsi concevoir un chiliogone (polygone à mille côtés) mais pas en imaginer un. L'imagination est donc imparfaite et trompeuse.

- Mais il est très difficile de contrôler l'imagination et de la placer sous le contrôle de la raison. Ainsi, Pascal, dans *Les Pensées*, se méfie de l'imagination, « *cette superbe puissance ennemie de la raison, qui se plaît à la contrôler et à la dominer* ». L'imagination fait donc « *croire, douter, nier la raison* ». Le philosophe lui-même, celui pourtant qui cultive la pensée, en est victime.

Ce conflit entre imagination et pensée est orchestré aussi bien par le philosophe Descartes que par les moralistes.

> **LEXIQUE**
>
> L'imagination, c'est la capacité de former des images. On peut distinguer une imagination reproductrice, qui consiste à évoquer par des images des objets déjà vus ou des situations déjà vécues, et l'imagination créatrice, qui suscite des images d'objets inconnus ou irréels, ou associés dans des combinaisons inédites. Dans le domaine des beaux-arts, l'imagination est la capacité à créer des images et des formes nouvelles.

ÉCLAIRAGE René Descartes, *Méditations métaphysiques*, II, 1641

> Or qu'est-ce que cela : flexible et muable ? N'est-ce pas que j'imagine que cette cire étant ronde est capable de devenir carrée, et de passer du carré en une figure triangulaire ? Non certes, ce n'est pas cela, puisque je la conçois capable de recevoir une infinité de semblables changements, et je ne saurais néanmoins parcourir cette infinité par mon imagination, et par conséquent cette conception que j'ai de la cire ne s'accomplit pas par la faculté d'imaginer. Qu'est-ce maintenant que cette extension ? N'est-elle pas aussi inconnue ? Car elle devient plus grande quand la cire se fond, plus grande quand

> **« Citations à retenir**
>
> « Mon âme en toute occasion
> Développe le vrai sens caché
> sous l'apparence.
> [...]
> Quand l'eau courbe un bâton, ma
> raison le redresse,
> La raison décide en maîtresse. »
>
> « Un Animal dans la Lune », p. 51
>
> « *Imagination. – C'est cette partie dominante dans l'homme, cette maîtresse d'erreur et de fausseté, et d'autant plus fourbe qu'elle ne l'est pas toujours* »,
>
> Blaise Pascal, *Pensées*

elle bout, et plus grande encore quand la chaleur augmente ; et je ne concevrais pas clairement et selon la vérité ce que c'est que de la cire, si je ne pensais que même ce morceau que nous considérons est capable de recevoir plus de variétés selon l'extension que je n'en ai jamais imaginé. Il faut donc demeurer d'accord que je ne saurais pas même comprendre par l'imagination ce que c'est que ce morceau de cire, et qu'il n'y a que mon entendement seul qui le comprenne.

Question

- La Fontaine met lui aussi en scène un morceau de cire qui se transforme. Dans quelle fable ? Dans quel but ?

2 L'imagination comme enveloppe de la pensée dans la fable

Dans cette perspective qui hiérarchise imagination et pensée, le récit – où triomphe l'imagination – n'a de valeur que s'il est le moyen d'exposer une pensée.

- L'imagination est force de persuasion. On ne peut légitimer l'imagination qu'en la mettant au service d'une pensée supérieure. Dès l'ouverture du second recueil des *Fables*, s'adressant à Madame de Montespan (p. 14), La Fontaine fait ainsi l'éloge de l'apologue :

> *C'est proprement un charme : il rend l'âme attentive,*
> *Ou plutôt il la tient captive,*
> *Nous rattachant à des récits*
> *Qui mènent à son gré les cœurs et les esprits.*

Explorer le parcours associé : Imagination et pensée au XVIIᵉ siècle

Il souligne ainsi la capacité de l'apologue à rendre audible la pensée de l'auteur.

L'imagination comme ruse pour tromper l'amour propre

- L'homme est victime de son amour-propre, « *auteur de tous les défauts* » (« Le Lion, le Singe et les deux Ânes », p. 177). De ce fait, il ne souhaite pas entendre parler de ses faiblesses. La Fontaine ne lui tend donc pas un miroir cruel et sans concession, mais il emploie le détour du récit pour suggérer ses vices plus que pour les expliquer. Plusieurs fables s'intéressent ainsi à la nature de l'homme et à ses défauts intrinsèques. La Fontaine, en épicurien, pointe à plusieurs reprises la perpétuelle insatisfaction de l'être humain. On peut citer « Les deux Chiens et l'Âne mort » (p. 97) qui rappelle que « *rien à l'homme suffit* ».

L'imagination pour évoquer l'absolutisme royal

- La Fontaine ne manque pas une occasion de faire la satire de la cour. La fable, allégorique, imagée, protège quelque peu le fabuliste de l'autorité royale, ainsi que le notera Voltaire dans son *Dictionnaire philosophique* : « *on ne peut guère parler à un tyran qu'en paraboles* » (article « Fable »). Il faut toute la délicatesse de l'imagination pour formuler des reproches au roi. Le singe le sait bien, qui, pour lui faire la leçon, recourt à un apologue mettant en scène deux ânes (« Le Lion, le Singe et les deux Ânes », p. 177).

L'imagination, outil de séduction

- L'homme est inattentif, peu enclin à l'effort intellectuel. Il faut donc capter son attention par des « *mensonges* ». C'est dans « Le Pouvoir des Fables » (p. 60) que La Fontaine explique le plus clairement le rôle de l'imagination sur le public. En effet, l'orateur, voulant mettre le peuple au courant des dangers de la guerre, commet d'abord l'erreur de s'adresser à un public « *vain et léger* » avec toutes les rigueurs de la rhétorique. On l'ignore alors. Il doit à un « *trait de fable* », un trait d'imagination pourrait-on dire, de réveiller l'assemblée qui « *Se donne entière à l'Orateur* ». Il y aurait donc deux moyens de communiquer une pensée : l'« *art tyrannique* » qu'est la rhétorique, et la fable charmante qui ensorcelle.

- On peut penser que si nul n'écoute un discours, celui-ci, si pertinent soit-il, n'a plus de valeur. La fable trouve sa valeur dans sa capacité à faire entendre une pensée.

« Citations à retenir

« *Et même qui mentirait
Comme Ésope, et comme Homère,
Un vrai menteur ne serait.
Le doux charme de maint songe
Par leur bel art inventé,
Sous les habits du mensonge
Nous offre la vérité.* »

« Le Dépositaire infidèle », p. 104

« *L'homme est de glace aux vérités ;
Il est de feu pour les mensonges* »

« Le Statuaire et la Statue de Jupiter », p. 113

« *Donnez mainte leçon que j'ai sans doute omise ;
Sous ces inventions il faut l'envelopper.* »

Épilogue, p. 190

ÉCLAIRAGE Christian Biet, « Un mensonge qui dit la vérité », TDC, n° 1003

La fable est donc fiction, invention, mensonge, mais un mensonge qui dit la vérité. Elle joue sur l'analogie, sur l'exemple fabuleux, pour dire la vérité des choses et le sens des conduites humaines. Elle se fonde sur des récits mensongers et séduisants pour réformer l'individu et le guider vers le bien, vers la vérité qu'il faudrait atteindre. L'homme, comme l'enfant, étant incapable de se laisser charmer par la vérité pure, par l'expression directe de cette vérité, il faudrait ainsi passer par des récits, par le fabuleux, par l'imagination, par le faux, pour en arriver à la vérité.

Question

- Pourquoi le critique assimile-t-il l'homme à un enfant ? Qu'ont-ils de commun ?

3 Penser grâce à l'imagination : la fable comme lieu d'expérimentation

L'imagination et la pensée en relais

- Le XVIIe siècle n'est pas tout entier cartésien. Tout d'abord, Gassendi et l'épicurisme moderne font de l'expérience sensible un moyen de connaissance, et réhabilitent, ce faisant, les images qui se forment dans notre imagination par l'intermédiaire des sens. La Fontaine se familiarise avec ces thèses grâce au médecin François Bernier (1620-1688), auteur d'un *Abrégé de la philosophie de Gassendi*, qui fréquente assidûment le salon de Madame de la Sablière, la protectrice du fabuliste.

Explorer le parcours associé : Imagination et pensée au XVIIᵉ siècle

- Les découvertes exceptionnelles de la fin du XVIᵉ siècle et du début du XVIIᵉ siècle invitent à mesurer les efforts conjoints des sens, de la pensée et de l'imagination. Copernic puis Galilée développent ainsi le modèle du système solaire. Pour démontrer que la Terre est ronde, qu'elle tourne sur elle-même et autour du soleil, mouvements imperceptibles à l'œil, ils s'appuient sur des calculs, sur des progrès techniques – Galilée perfectionne la lunette astronomique – mais aussi sur leur imagination. L'imagination supplée à la preuve. On lit ainsi sous la plume de Copernic des passages très poétiques pour évoquer l'héliocentrisme.

> **L'épicurisme**
>
> L'épicurisme naît dans la Grèce antique, dans l'école fondée par Épicure en 306 avant J.-C. Cette philosophie a deux versants : un versant moral et un versant physique.
> – Sur le plan moral, les épicuriens recherchent le bonheur, non pas par l'accumulation de plaisirs, mais par l'éviction de toute source de souffrance.
> – Sur le plan physique, les épicuriens conçoivent le monde comme un assemblage fluctuant d'atomes. Ils éliminent donc toute mythologie ou de transcendance.
> Enfin, on peut noter que les épicuriens sont sensualistes, c'est-à-dire qu'ils font des sensations le fondement du savoir.

ÉCLAIRAGE Nicolas Copernic, *Des Révolutions des orbes célestes*, Livre I, chapitre X, 1543

> Au milieu de toutes les planètes, siège, immobile, le Soleil. Qui, en effet, dans ce temple magnifique, pourrait placer ce flambeau en un endroit autre ou meilleur que celui d'où il peut éclairer tout en même temps ? Aussi ce n'est pas sans raison que certains l'ont appelé le flambeau du monde, d'autres son âme, d'autres son conducteur. C'est ainsi sans doute qu'assis pour ainsi dire sur un trône royal, le Soleil gouverne la famille des Astres tournant autour de lui.

Question

Comment Nicolas Copernic réunit-il dans ce texte la poésie et la science ?

- Même Pascal, dont nous avons vu qu'il n'hésitait pas à condamner l'imagination, invite son lecteur à y recourir quand il s'agit de prendre conscience de la puissance divine, ce qui surpasse les capacités de notre entendement (voir le groupement de textes, p. 210).

La fable, berceau d'une pensée originale

- Dans cette perspective, il ne faut pas seulement considérer la fable comme une pensée mise en scène par l'imagination, mais comme une pensée qui se déploie *dans* et *par* l'imagination. La fable serait ainsi un lieu d'expérience.

On a d'abord envisagé la fable comme un procédé de la persuasion. Pour le dire simplement, le fabuliste aurait une pensée, et pour la transmettre au lecteur efficacement, il lui donnerait forme par l'imagination. Imaginons maintenant que le fabuliste construise sa pensée par son récit, par le biais de son imagination. La fable est alors la lunette qui lui permet de mieux voir le monde, de se placer à la bonne distance pour le comprendre.

- C'est le cas lorsque le fabuliste invite le lecteur à formuler lui-même une pensée. En effet, certaines fables n'ont pas de moralité explicite. Le fabuliste laisse donc le lecteur observer, imaginer et comprendre. Tantôt, il l'interroge explicitement : « *Qui désignais-je, à votre avis, /Par ce Rat si peu secourable ?* » (« Le Rat qui s'est retiré du monde », p. 21) ou encore « *que t'en semble, lecteur ?* » (« Les deux Amis », p. 72). Tantôt, le moraliste se tait et laisse le conteur parler pour deux. La morale est alors totalement implicite. C'est le cas dans « Le Savetier et le Financier » (p. 55) par exemple.

- Il peut même parfois y avoir un décrochage entre le récit et la morale. Par exemple, dans « La Laitière et le Pot au lait » (p. 32), le récit imaginaire semble préfigurer une morale réprobatrice sur les dangers de la rêverie. Au contraire, La Fontaine reconnaît qu'il s'agit là d'un défaut tout humain, qui procure de surcroît un immense plaisir. Au fur et à mesure de son récit, porté par son imagination qui campe la laitière « *Cotillon simple et souliers plats* », qui lui laisse la parole, parole qui donne de plus en plus de réalité à la rêverie (« *une vache et son veau, / Que je verrai sauter au milieu du troupeau* »), La Fontaine en vient lui-même à formuler sa pensée. Son intention première pourrait en quelque sorte se trouver modifiée par le plaisir du récit, et sa pensée s'infléchir par l'imagination.

4 Le triomphe de l'imagination

Les délices de l'imagination

- Nous avons vu d'ores et déjà deux relations entre la pensée et l'imagination dans la fable : d'une part, l'imagination comme procédé pour faire entendre une pensée, d'autre part l'imagination comme moyen de comprendre l'homme, comme regard original posé sur le monde et donc comme lieu d'émergence d'une pensée.

- Il est temps d'envisager une troisième posture. On pourrait penser la fable comme le triomphe de l'imagination, comme un espace qui inverserait la hiérarchie cartésienne : l'imagination d'abord, la pensée ensuite. Et si la pensée n'était que secondaire dans la fable ? On mesure bien à

Explorer le parcours associé : Imagination et pensée au XVIIᵉ siècle

« Citations à retenir

[...] *et moi-même,*
Au moment que je fais cette moralité,
Si Peau d'âne m'était conté,
J'y prendrais un plaisir extrême

« Le Pouvoir des Fables », p. 61

....

« *Quel esprit ne bat la campagne ?*
Qui ne fait châteaux en Espagne ? »

« La Laitière et le Pot au lait », p. 33

quel point une telle assertion peut sembler provocante pour le siècle classique. Et pourtant, si l'on écoute bien La Fontaine, l'imagination offre des « *charmes* » auxquels on ne peut que succomber. Revenons un instant sur « Le Pouvoir des fables ». La Fontaine pourrait conclure sur la vanité des hommes incapables de percevoir la gravité des dangers qui les entourent (« *Et du péril qui le menace / Lui seul entre les Grecs* [ce peuple] *néglige l'effet* », p. 60) et sur l'efficacité de l'apologue dans le processus de persuasion. Il termine pourtant sa fable sur le « *plaisir extrême* » que procure l'imagination, sur le plaisir plus que sur l'efficacité.

Lecture d'image → Voir au verso de la couverture, en fin d'ouvrage

- Gustave Moreau (1826-1898) est un peintre symboliste français. Un des aspects marquants de son œuvre picturale est le syncrétisme – la fusion – entre paganisme et christianisme : il mêle les références aux mythes antiques à des symboles religieux.
- L'aquarelle représente un personnage auréolé, chevauchant un animal ailé, et tenant un masque dans ses bras. Tout évoque les arts littéraires, et en particulier la poésie : Pégase, le poète, le masque.
- Plutôt que d'illustrer les *Fables*, à la manière de Gustave Doré, l'artiste les inscrit dans la continuité des grands mythes antiques.

1. Qui est Pégase ? Que représente le masque ?

2. Comment le tableau marie-t-il références à la mythologie antique et au christianisme ?

3. Quelle haute valeur Gustave Moreau accorde-t-il à ces *Fables* ?

Gustave Moreau, *La Fantaisie*, esquisse pour le frontispice des *Fables*, 1879, aquarelle, musée Gustave-Moreau, Paris.

L'imagination, source de plaisir

La pensée contenue dans la fable serait donc une prise de conscience des plaisirs de l'imagination. La Fontaine n'adopte pas la supériorité du professeur mais l'humour, la familiarité du confident pour exposer une pensée épicurienne fondée sur le plaisir de l'instant présent. Lire une fable, c'est avant tout apprécier les méandres de l'imagination qui s'y déploie. Faut-il forcément chercher un supplément à ce plaisir, une pensée qui s'ajouterait à la connaissance de soi que nous procure la fable ? Ce faisant, ne nous comportons-nous pas comme les deux « gloutons » que sont le Loup et le chasseur (p. 101) ? Ils périssent de chercher toujours plus, de ne point se satisfaire de ce qu'ils ont, de rester sourd aux recommandations du fabuliste qui nous dit (« *Jouis* ») et nous répète (« *il faut que l'on jouisse* ») qu'il faut savoir apprécier le plaisir quand il se présente à nous.

> **« Citations à retenir**
>
> « *Chacun songe en veillant, il n'est rien de plus doux :*
> *Une flatteuse erreur emporte alors nos âmes* »
> « La Laitière et le Pot au lait », p. 33
>
> « *Plus de chant ; il perdit la voix*
> *Du moment qu'il gagna ce qui cause nos peines.* »
> « Le Savetier et le Financier », p. 55
>
> « *L'homme, sourd à ma voix comme à celle du sage,*
> *Ne dira-t-il jamais :* « *C'est assez, jouissons* » *?*
> *Hâte-toi, mon ami ; tu n'as pas tant à vivre.* »
> « Le Loup et le Chasseur », p. 101

Ainsi, La Fontaine tisse trois relations de la pensée à l'imagination qui ne s'excluent pas l'une l'autre : l'imagination comme mise en valeur de la pensée, l'imagination comme mise en œuvre d'une pensée, l'imagination comme plaisir absolu, au détriment d'une pensée extérieure à la fable.

Explorer le parcours associé : Imagination et pensée au XVIIᵉ siècle

GROUPEMENT DE TEXTES

1 Les moralistes, de l'image à l'idée

Texte 1 La Rochefoucauld, *Maximes*, maxime 1, 1664

L'amour-propre est l'amour de soi-même, et de toutes choses pour soi ; il rend les hommes idolâtres d'eux-mêmes, et les rendrait les tyrans des autres si la fortune[1] leur en donnait les moyens ; il ne se repose jamais hors de soi, et ne s'arrête dans les sujets étrangers que comme les abeilles sur les fleurs, pour en tirer ce qui lui est propre. Rien n'est si impétueux[2] que ses désirs, rien de si caché que ses desseins[3], rien de si habile que ses conduites ; ses souplesses ne se peuvent représenter, ses transformations passent celles des métamorphoses, et ses raffinements ceux de la chimie. On ne peut sonder la profondeur, ni percer les ténèbres de ses abîmes. Là il est à couvert des yeux les plus pénétrants ; il y fait mille insensibles tours et retours. Là il est souvent invisible à lui-même, il y conçoit, il y nourrit, et il y élève, sans le savoir, un grand nombre d'affections et de haines ; il en forme de si monstrueuses que, lorsqu'il les a mises au jour, il les méconnaît, ou il ne peut se résoudre à les avouer.

Questions

1. Quelle est la thèse de La Rochefoucauld ?
2. Relevez des figures d'analogie (comparaisons ou métaphores) : en quoi ces images soutiennent-elles la pensée du moraliste ?
3. **ÉTUDE DE LA LANGUE** Relevez dans la dernière phrase plusieurs formes de négation différentes. Comparez-les.
4. Ce thème est traité dans la fable « Le Berger et le Roi » (p. 153). Lequel de ces deux textes vous paraît le plus efficace pour condamner l'amour-propre ? Justifiez en un paragraphe argumenté.

---
1. Le hasard.
2. Impulsif et ardent.
3. Projets.

Texte 2 Pascal, *Les Pensées*, fragment 230, 1670

Pascal se fait d'abord connaître en tant que scientifique avant de se tourner vers la religion et d'entreprendre sa défense dans un ouvrage mettant en évidence la misère de l'homme sans Dieu. Les Pensées *sont des fragments posthumes de cette œuvre inachevée. Dans ce fragment, Pascal essaie, par sa la pensée et l'imagination de définir l'homme, comme « Un néant à l'égard de l'infini, un tout à l'égard du néant, un milieu entre rien et tout ».*

Que l'homme contemple donc la nature entière dans sa haute et pleine majesté, qu'il éloigne sa vue des objets bas qui l'environnent. Qu'il regarde cette éclatante lumière, mise comme une lampe éternelle pour éclairer l'univers, que la terre lui paraisse comme un point
5 au prix du vaste tour que cet astre décrit et qu'il s'étonne de ce que ce vaste tour lui-même n'est qu'une pointe très délicate à l'égard de celui que les astres qui roulent dans le firmament[1] embrassent. Mais si notre vue s'arrête là, que l'imagination passe outre ; elle se lassera plutôt de concevoir, que la nature de fournir. Tout ce monde visible
10 n'est qu'un trait imperceptible dans l'ample sein de la nature. Nulle idée n'en approche. Nous avons beau enfler nos conceptions au-delà des espaces imaginables, nous n'enfantons que des atomes, au prix de la réalité des choses. C'est une sphère dont le centre est partout, la circonférence nulle part. Enfin, c'est le plus grand caractère sensible
15 de la toute-puissance de Dieu, que notre imagination se perde dans cette pensée.

Que l'homme, étant revenu à soi, considère ce qu'il est au prix de ce qui est ; qu'il se regarde comme égaré dans ce canton détourné de la nature ; et que de ce petit cachot où il se trouve logé, j'entends l'univers, il apprenne à estimer la terre, les royaumes, les villes et soi-
20 même son juste prix. Qu'est-ce qu'un homme dans l'infini ?

Mais pour lui présenter un autre prodige aussi étonnant, qu'il recherche dans ce qu'il connaît les choses les plus délicates. Qu'un ciron[2] lui offre dans la petitesse de son corps des parties incomparablement plus petites, des jambes avec des jointures, des veines dans

---
1. Voûte céleste.
2. Insecte microscopique.

ces jambes, du sang dans ces veines, des humeurs[3] dans ce sang, des gouttes dans ces humeurs, des vapeurs dans ces gouttes ; que, divisant encore ces dernières choses, il épuise ses forces en ces conceptions, et que le dernier objet où il peut arriver soit maintenant celui de notre discours ; il pensera peut-être que c'est là l'extrême petitesse de la nature.

Je veux lui faire voir là-dedans un abîme nouveau. Je lui veux peindre non seulement l'univers visible, mais l'immensité qu'on peut concevoir de la nature, dans l'enceinte de ce raccourci d'atome. Qu'il y voie une infinité d'univers, dont chacun a son firmament, ses planètes, sa terre, en la même proportion que le monde visible ; dans cette terre, des animaux, et enfin des cirons, dans lesquels il retrouvera ce que les premiers ont donné ; et trouvant encore dans les autres la même chose sans fin et sans repos, qu'il se perde dans ses merveilles, aussi étonnantes dans leur petitesse que les autres par leur étendue ; car qui n'admirera que notre corps, qui tantôt n'était pas perceptible dans l'univers, imperceptible lui-même dans le sein du tout, soit à présent un colosse, un monde, ou plutôt un tout, à l'égard du néant où l'on ne peut arriver ?

Questions

1. Comment s'organise le premier paragraphe ? Vous pouvez vous appuyer sur les champs lexicaux de la vue et de l'imagination pour répondre à cette question.
2. Qu'est-ce que Pascal désigne comme un « petit cachot » ? Pourquoi ?
3. Pascal annonce au début du troisième paragraphe un « autre prodige aussi étonnant » : quel est le premier ? Quel est le second ?
4. Quel rôle joue l'imagination dans ce raisonnement qui permet à Pascal de définir l'être humain ?
5. **ÉTUDE DE LA LANGUE** Quel est le mode employé dans « Qu'il y voie une infinité d'univers » ? Quelle est sa valeur ?

Texte 3 La Bruyère, *Les Caractères*, « Des femmes », III, 81, 1688

La Bruyère fait le portrait d'Émire, jeune fille de Smyrne, qui dédaigne l'amour. Elle a en revanche une grande amie, Euphrosine. Elle fait la connaissance de Ctésiphon, qui ne la séduit pas au premier abord.

---

3. Substance liquide sécrétée par le corps.

Il y avait à *Smyrne* une très belle fille qu'on appelait *Émire*, et qui était moins connue dans toute la ville par sa beauté que par la sévérité de ses mœurs, et surtout par l'indifférence qu'elle conservait pour tous les hommes, qu'elle voyait, disait-elle, sans aucun péril, et sans d'autres dispositions que celles où elle se trouvait pour ses amies ou pour ses frères. […] Elle s'entretint de lui[1] avec son amie, qui voulut le voir. Il n'eut des yeux que pour Euphrosyne, il lui dit qu'elle était belle ; et Émire, si indifférente, devenue jalouse, comprit que *Ctésiphon* était persuadé de ce qu'il disait, et que non seulement il était galant, mais même qu'il était tendre. Elle se trouva depuis ce temps moins libre avec son amie. Elle désira de les voir ensemble une seconde fois pour être plus éclaircie ; et une seconde entrevue lui fit voir encore plus qu'elle ne craignait de voir, et changea ses soupçons en certitude. Elle s'éloigne d'Euphrosyne, ne lui connaît plus le mérite qui l'avait charmée, perd le goût de sa conversation ; elle ne l'aime plus ; et ce changement lui fait sentir que l'amour dans son cœur a pris la place de l'amitié. Ctésiphon et Euphrosyne se voient tous les jours, s'aiment, songent à s'épouser, s'épousent. La nouvelle s'en répand par toute la ville ; et l'on publie que deux personnes enfin ont eu cette joie si rare de se marier à ce qu'ils aimaient. Émire l'apprend, et s'en désespère. Elle ressent tout son amour : elle recherche Euphrosyne pour le seul plaisir de revoir Ctésiphon ; mais ce jeune mari est encore l'amant de sa femme, et trouve une maîtresse dans une nouvelle épouse ; il ne voit dans Émire que l'amie d'une personne qui lui est chère. Cette fille infortunée perd le sommeil, et ne veut plus manger : elle s'affaiblit ; son esprit s'égare ; elle prend son frère pour Ctésiphon, et elle lui parle comme à un amant ; elle se détrompe, rougit de son égarement ; elle retombe bientôt dans de plus grands, et n'en rougit plus ; elle ne les connaît plus. Alors elle craint les hommes, mais trop tard : c'est sa folie. Elle a des intervalles où sa raison lui revient, et où elle gémit de la retrouver. La jeunesse de Smyrne, qui l'a vue si fière et si insensible, trouve que les Dieux l'ont trop punie.

---

1. Ctésiphon.

Explorer le parcours associé :
Imagination et pensée au XVIIᵉ siècle

> **Questions**
>
> 1. Proposez un plan du passage : quelles sont les différentes étapes du récit ?
> 2. Quelles sont les caractéristiques du personnage principal ?
> 3. En quoi ce passage a-t-il une fonction morale ? Quelle est la leçon que l'on peut tirer de ce récit ?
> 4. **ÉTUDE DE LA LANGUE** Quel est le temps employé dans « Elle s'éloigne d'Euphrosyne » ? Quelle est sa valeur ? Quel est l'effet produit ?

2 L'apologue, ou l'art d'imaginer pour mieux penser

Texte 1 Savinien Cyrano de Bergerac, *L'Autre Monde ou Histoire comique des États et Empires de la Lune*, 1657

*L'*Histoire comique des États et Empires de la Lune *est un apologue satirique de Cyrano de Bergerac. Le héros, qui raconte à la première personne, défend l'idée que « la lune est un monde comme celui-ci, à qui le nôtre sert de Lune ». Pour en apporter la preuve, il décide de se rendre sur la lune. Lors de son premier essai, il retombe au Canada. Il échange ici avec le vice-roi.*

Monsieur, lui répondis-je, la plupart des hommes, qui ne jugent que par les sens, se sont laissé persuader à leurs yeux ; et de même que celui dont le vaisseau navigue terre à terre[1] croit demeurer immobile, et que le rivage chemine, ainsi les hommes tournant avec la terre
5 autour du ciel, ont cru que c'était le ciel lui-même qui tournait autour d'eux. Ajoutez à cela l'orgueil insupportable des humains, qui leur persuade que la nature n'a été faite que pour eux ; comme s'il était vraisemblable que le soleil, un grand corps, quatre cent trente-quatre fois plus vaste que la terre, n'eût été allumé que pour mûrir ses nèfles[2], et
10 pommer ses choux. Quant à moi, bien loin de consentir à l'insolence

---
1. Près du rivage.
2. Fruits du néflier, dont on peut faire des confitures.

de ces brutaux, je crois que les planètes sont des mondes autour du soleil, et que les étoiles fixes sont aussi des soleils qui ont des planètes autour d'eux, c'est-à-dire des mondes que nous ne voyons pas d'ici à cause de leur petitesse, et parce que leur lumière empruntée ne saurait venir jusqu'à nous. Car comment, en bonne foi, s'imaginer que ces globes si spacieux ne soient que de grandes campagnes désertes, et que le nôtre, à cause que nous y rampons, une douzaine de glorieux coquins, ait été bâti pour commander à tous ? Quoi ! parce que le soleil compasse[3] nos jours et nos années, est-ce à dire pour cela qu'il n'ait été construit qu'afin que nous ne cognions pas de la tête contre les murs ? Non, non, si ce Dieu visible éclaire l'homme, c'est par accident, comme le flambeau du roi éclaire par accident au crocheteur[4] qui passe par la rue. – Mais, me dit-il, si comme vous assurez, les étoiles fixes sont autant de soleils, on pourrait conclure de là que le monde serait infini, puisqu'il est vraisemblable que les peuples de ces mondes qui sont autour d'une étoile fixe que vous prenez pour un soleil découvrent encore au-dessus d'eux d'autres étoiles fixes que nous ne saurions apercevoir d'ici, et qu'il en va éternellement de cette sorte. – N'en doutez point, lui répliquai-je ; comme Dieu a pu faire l'âme immortelle, il a pu faire le monde infini, s'il est vrai que l'éternité n'est rien autre chose qu'une durée sans bornes, et l'infini une étendue sans limites.

Questions

1. Quelle est la conception du monde défendue par « la plupart des hommes » ? Comment le narrateur personnage la dénigre-t-il ?

2. Quelle est la vision du monde que propose le narrateur personnage ?

3. Quels sont les procédés de la persuasion mis en œuvre par le narrateur ?

4. ÉTUDE DE LA LANGUE Faites apparaître les différentes propositions subordonnées dans la phrase suivante : « parce que le soleil compasse nos jours et nos années, est-ce à dire pour cela qu'il n'ait été construit qu'afin que nous ne cognions pas de la tête contre les murs ? » Indiquez leur nature et leur fonction.

---

3. Mesure avec précision.
4. Voleur.

Explorer le parcours associé : Imagination et pensée au XVIIᵉ siècle

Texte 2 Fontenelle, *Entretiens sur la pluralité des mondes*, « Premier soir », 1686

Après quelques essais infructueux au théâtre, Fontenelle se tourne vers la littérature scientifique. Ces entretiens avec une marquise sont des leçons de vulgarisation des théories de Descartes et Copernic.

J'ai toujours senti ce que vous me dites, reprit-elle, j'aime les étoiles, et je me plaindrais volontiers du soleil qui nous les efface. Ah ! m'écriai-je, je ne puis lui pardonner de me faire perdre de vue tous ces mondes. Qu'appelez-vous tous ces mondes ? me dit-elle, en me regardant, et en se tournant vers moi. Je vous demande pardon, répondis-je. Vous m'avez mis sur ma folie, et aussitôt mon imagination s'est échappée. Quelle est donc cette folie ? reprit-elle. Hélas ! répliquai-je, je suis bien fâché qu'il faille vous l'avouer, je me suis mis dans la tête que chaque étoile pourrait bien être un monde. Je ne jurerais pourtant pas que cela fût vrai, mais je le tiens pour vrai, parce qu'il me fait plaisir à croire. C'est une idée qui me plaît, et qui s'est placée dans mon esprit d'une manière riante. Selon moi, il n'y a pas jusqu'aux vérités auxquelles l'agrément ne soit nécessaire. Eh bien, reprit-elle, puisque votre folie est si agréable, donnez-la-moi, je croirai sur les étoiles tout ce que vous voudrez, pourvu que j'y trouve du plaisir. Ah ! Madame, répondis-je bien vite, ce n'est pas un plaisir comme celui que vous auriez à une comédie de Molière ; c'en est un qui est je ne sais où dans la raison, et qui ne fait rire que l'esprit. Quoi donc, reprit-elle, croyez-vous qu'on soit incapable des plaisirs qui ne sont que dans la raison ? Je veux tout à l'heure vous faire voir le contraire, apprenez-moi vos étoiles. Non, répliquai-je, il ne me sera point reproché que dans un bois, à dix heures du soir, j'aie parlé de philosophie à la plus aimable personne que je connaisse. Cherchez ailleurs vos philosophes. […]

À la fin cependant, pour lui donner une idée générale de la philosophie, voici par où je commençai.

Toute la philosophie, lui dis-je, n'est fondée que sur deux choses, sur ce qu'on a l'esprit curieux et les yeux mauvais ; car si vous aviez les yeux meilleurs, que vous ne les avez, vous verriez bien si les étoiles sont des soleils qui éclairent autant de mondes, ou si elles n'en sont pas ; et

si d'un autre côté vous étiez moins curieuse, vous ne vous soucieriez pas de le savoir, ce qui reviendrait au même ; mais on veut savoir plus qu'on ne voit, c'est là la difficulté. Encore, si ce qu'on voit, on le voyait bien, ce serait toujours autant de connu, mais on le voit tout autrement qu'il n'est. Ainsi les vrais philosophes passent leur vie à
15 ne point croire ce qu'ils voient, et à tâcher de deviner ce qu'ils ne voient point, et cette condition n'est pas, ce me semble, trop à envier.

Questions

1. Que sont la « folie » et l'« imagination » du narrateur ?

2. Sur quoi se fonde-t-il pour défendre une telle idée ?

3. Quelles sont les deux conditions nécessaires pour philosopher ?

4. ÉTUDE DE LA LANGUE Analysez la construction du système hypothétique : « si ce qu'on voit, on le voyait bien, ce serait toujours autant de connu ».

Synthèse
Rédigez une composition de trois paragraphes pour expliquer cette citation du texte (l. 13-14) : « il n'y a pas jusqu'aux vérités auxquelles l'agrément ne soit nécessaire. » Vous illustrerez votre propos à l'aide d'exemples puisés dans les fables ou le parcours.

Texte 3 Perrault, *Histoires ou contes du temps passé*, « Les Fées », 1697

Une veuve a deux filles : l'aînée est brutale et orgueilleuse, la cadette, douce et gentille. En allant chercher de l'eau à la fontaine, cette dernière rencontre une fée qui lui fait un don : désormais elle crache des perles et des pierres précieuses lorsqu'elle parle. La mère décide donc d'envoyer son aînée auprès de la fée pour qu'elle lui demande le même don.

Elle y alla, mais toujours en grondant. Elle prit le plus beau Flacon d'argent qui fût dans le logis. Elle ne fut pas plus tôt arrivée à la fontaine qu'elle vit sortir du bois une Dame magnifiquement vêtue qui vint lui demander à boire : c'était la même Fée qui avait apparu
5 à sa sœur mais qui avait pris l'air et les habits d'une Princesse, pour voir jusqu'où irait la malhonnêteté de cette fille. « Est-ce que je suis ici venue, lui dit cette brutale orgueilleuse, pour vous donner

Explorer le parcours associé :
Imagination et pensée au XVIIᵉ siècle

à boire, justement j'ai apporté un Flacon d'argent tout exprès pour donner à boire à Madame ! J'en suis d'avis, buvez à même[7] si vous
10   voulez. – Vous n'êtes guère honnête, reprit la Fée, sans se mettre en colère ; hé bien ! puisque vous êtes si peu obligeante, je vous donne pour don qu'à chaque parole que vous direz, il vous sortira de la bouche ou un serpent ou un crapaud. » D'abord[8] que sa mère l'aper-
15   çut, elle lui cria : « Hé bien, ma fille ! – Hé bien, ma mère ! lui répondit la brutale, en jetant deux vipères, et deux crapauds. – Ô Ciel ! s'écria la mère, que vois-je là ? C'est sa sœur qui en est cause, elle me le payera » ; et aussitôt elle courut pour la battre. La pauvre enfant s'enfuit, et alla se sauver dans la Forêt prochaine. Le fils du Roi qui
20   revenait de la chasse la rencontra et la voyant si belle, lui demanda ce qu'elle faisait là toute seule et ce qu'elle avait à pleurer. « Hélas ! Monsieur, c'est ma mère qui m'a chassée du logis. » Le fils du Roi, qui vit sortir de sa bouche cinq ou six Perles, et autant de Diamants, la pria de lui dire d'où cela lui venait. Elle lui conta toute son aven-
25   ture. Le fils du Roi en devint amoureux, et considérant qu'un tel don valait mieux que tout ce qu'on pouvait donner en mariage à un autre, l'emmena au Palais du Roi son père où il l'épousa. Pour sa sœur elle se fit tant haïr que sa propre mère la chassa de chez elle ; et la malheureuse, après avoir bien couru sans trouver personne qui voulût
30   la recevoir alla mourir au coin d'un bois.

Questions

1. Quels sont les indices qui font de ce récit un conte ?
2. Quel est le rôle du discours direct dans la narration ?
3. Essayez de formuler la morale : quelle est la pensée que l'on peut déduire de ce récit plein d'imagination ?
4. ÉTUDE DE LA LANGUE Relevez un exemple d'interrogation directe et un exemple d'interrogation indirecte. Comparez les deux constructions.

---

7. Directement à la source.
8. Dès que.

Vers le BAC

LA DISSERTATION

SUJET 1 La Fontaine, dans sa dédicace à Madame de Montespan, qualifie les fables de « jeux où [s]on esprit s'amuse ». À la lumière de votre lecture des livres VII à XI des *Fables* et des textes que vous avez pu étudier dans le parcours « Pensée et imagination au XVIIe siècle », vous vous demanderez si les fables ne sont que des écrits ludiques dans lesquels se déploie l'imagination.

Conseils de méthode

Pour réussir la dissertation, il faut soigneusement étudier le sujet !

- **Soulignez et expliquez les mots clés.** Dans la citation de La Fontaine, on repère les termes « jeux » et « s'amuse », repris dans le sujet par « écrits ludiques dans lesquels se déploie l'imagination ». Plus que la morale, trait définitoire de l'apologue, la citation de La Fontaine met en avant le caractère plaisant de la fable. La notion de jeu toutefois peut recouvrir une variété de significations. Le jeu est une forme de distraction et d'amusement, certes mais il désigne aussi une activité qui inclut aussi une part de stratégie et des formes de défis. Enfin, le mot « jeu » renvoie aussi au théâtre, genre dont les fables se rapprochent souvent.

- **Étudiez le type de sujet** : il s'agit d'une question fermée. Vous devez donc dans une première partie aller dans le sens du sujet (« Certes, les fables sont des écrits ludiques dans lesquels se déploie l'imagination »), puis discuter cette thèse dans une deuxième partie (« Cependant, les fables ont aussi d'autres qualités, comme celle de dévoiler une pensée »). Dans une troisième partie, vous pouvez élargir votre réflexion en prenant en compte le lecteur : où se trouve le plaisir que l'on éprouve à la lecture des fables ?

- Après avoir étudié le sujet, **formulez une problématique** sous la forme d'une question : Quels sont l'agrément et l'intérêt des fables ? / Dans quoi réside le plaisir et l'agrément des fables ?

Vers le BAC

Recherche du plan

Il faut éviter un plan type thèse / antithèse dans lequel vous risqueriez de vous contredire. Il est préférable d'essayer de nuancer que de contredire cette thèse après l'avoir étayée.

Proposition de plan

I. Certes, les récits contenus dans les fables sont des jeux plaisants

1. Des cadres variés : La Fontaine a développé le cadre spatio-temporel par rapport aux premières fables. Ex. « L'Homme qui court après la Fortune, et l'Homme qui l'attend dans son lit », p. 37.
2. Des personnages originaux. Des animaux, des hommes, des personnages merveilleux. Voir p. 194.
3. Des intrigues pleines de rebondissements. Voir p. 196.

II. Mais ils permettent aussi à la pensée de l'auteur de se déployer

1. En captant l'attention du lecteur. Le récit parce qu'il plaît attire le lecteur (ou l'auditeur). Ex. « Le Pouvoir des Fables », p. 60.
2. Grâce au jeu de l'allégorie. Sous une apparente légèreté, le fabuliste peut traiter de sujets graves. Il ne craint pas la censure et peut par exemple, grâce au récit plein d'imagination, s'en prendre à la cour. Ex. « La Cour du Lion », p. 28.
3. Par elle-même. Cultiver le plaisir est une fin en soi. La Fontaine, à travers ses fables, nous rappelle qu'il faut savoir jouir de chaque minute de l'existence. Ex. : « Les deux Chiens et l'Âne mort », p. 97.

III. Un plaisir aussi pour le lecteur

1. *Placere*. On souligne l'agrément d'un texte oral, vivant, animé comme de petites scènes de théâtre.
2. *Docere*. Les dialogues ne sont pas forcément en accord avec la morale. Le lecteur est amené à penser par lui-même quand le récit et la morale ne concordent pas tout à fait. Ex. « La Laitière et le Pot au lait », p. 32.
3. Les récits sans morale. Parfois, les fables ne comportent pas de morale explicite. Le récit plaisant est donc aussi un récit qui fait penser. Ex. « Le Savetier et le Financier », p. 55.

Exemple de paragraphe rédigé : I. 3

Enfin, l'apologue sait distraire par ses intrigues. Très bref, il ne laisse pas le temps pour de lentes évolutions et des tergiversations prolongées. Dans « L'Huître et les Plaideurs », il ne faut que vingt-et-un vers à La Fontaine pour faire le récit des mésaventures de deux pèlerins qui rencontrent une huître et croisent un juge. Le fabuliste pratique une esthétique de la concentration : il évacue tous les personnages secondaires, il passe sous silence les épisodes inutiles. Par exemple, la prise à partie de Perrin Dandin par les deux pèlerins est rapportée au discours narrativisé afin de ne pas ennuyer le lecteur (« ils le prennent pour juge »). Cette brièveté n'empêche pas les retournements de situation. Alors que l'on attend du juge des paroles pleines de sagesse, il « gruge » l'huître devant les deux pèlerins qui la convoitent. Ce coup de théâtre est souligné par le passage de vers relativement brefs, qui traduisent l'impatience des deux pèlerins (« Eh bien ! vous l'avez vue, et moi je l'ai sentie »), à des vers longs, qui expriment l'assurance de Perrin Dandin (« Perrin, fort gravement, ouvre l'Huître, et la gruge »).

SUJET 2 Christian Biet, critique contemporain, définit la fable comme « un mensonge qui dit la vérité ». À la lumière de votre lecture des livres VII à XI des *Fables* et des textes que vous avez pu étudier dans le parcours « Pensée et imagination au XVIIe siècle », **vous vous demanderez quels liens entretiennent l'imagination et la pensée dans les fables.**

Analyse du sujet

Mots clés : « mensonge », qui renvoie à l'imagination, à l'invention d'histoires fictives ; « vérité », terme assez vague qui peut renvoyer à des considérations politiques, morales, philosophiques.

Type de sujet : il s'agit d'une question ouverte. Attention ! Le sujet vous invite à considérer les rapports entre les deux notions. Il serait maladroit de les séparer.

Problématique : Comment l'imagination et la pensée se nourrissent-elles l'une l'autre dans les fables ?

Vers le BAC

Proposition de plan

> **I.** L'imagination comme enveloppe de la pensée
> **II.** L'imagination comme source de la pensée
> **III.** La pensée ultime : la victoire de l'imagination
>
> Pour plus de détails, ces différents aspects sont développés pages 203 à 209 du dossier.

Exemple d'introduction

> **LE CONTENU DE L'INTRODUCTION**
>
> L'introduction de la dissertation comporte quatre parties : une phrase d'amorce, la citation du sujet qui doit être expliqué et discuté, la problématique et l'annonce du plan.

Pascal, dans ses *Pensées*, définit l'imagination comme « maîtresse d'erreur et de fausseté ». L'imagination est pourtant le support des fables, et plus généralement, des apologues, qui visent un discours moral et un discours de vérité. À ce propos, Christian Biet, critique contemporain, définit la fable comme « un mensonge qui dit la vérité ». Il recourt ici à une formule paradoxale et accrocheuse, qui associe deux termes antithétiques, le « mensonge », qui renvoie au plaisir de l'imagination, et la « vérité », qui suggère le développement d'une pensée politique, morale ou philosophique. À la lumière de notre lecture des livres VII à XI des *Fables*, nous nous demanderons quels liens entretiennent pensée et imagination dans les apologues de La Fontaine. Comment l'imagination et la pensée se nourrissent-elles l'une l'autre dans les fables ? Nous montrerons d'abord que le mensonge est une enveloppe qui recèle une vérité, puis nous verrons que l'imagination peut faire jaillir une pensée nouvelle, avant de montrer que pour La Fontaine, le plaisir du mensonge doit être cultivé pour lui-même.

Exemple de paragraphe rédigé

I. L'imagination comme enveloppe de la pensée
1. Le choix de l'honnête homme

Le mensonge peut servir d'écrin pour la pensée. L'honnête homme, le courtisan et le moraliste font le choix de dissimuler des vérités dans des récits plein d'imagination. En premier lieu, La Fontaine exprime à plusieurs reprises son mépris contre les grands discours qu'il juge prétentieux. L'honnête homme du XVIIe siècle ne doit pas en effet imposer son savoir, au risque de se montrer pédant. Le fabuliste met en évidence ses réticences devant ceux qui ignorent cette loi dans « Le Pouvoir des Fables » (p. 60) : Démosthène se montre ainsi fort maladroit en « Voulant forcer les cœurs dans une république » par le biais d'un « art tyrannique ». Il est plus explicite encore quand il écrit dans « L'Écolier, le Pédant et le Maître d'un jardin » (p. 112) : « Je hais les pièces d'éloquence / Hors de leur place, et qui n'ont point de fin. » Il ne s'agit donc pas pour lui de citer « Virgile et Cicéron, / Avec force traits de science ». Au contraire, il faut savoir, selon les préceptes de l'esthétique classique, suggérer plus qu'expliquer, rejeter les extrêmes, l'emphase comme la vulgarité. Pour cela, on préfère privilégier la forme brève qui permet d'aller à l'aventure et de mêler « cent matières diverses » comme on le ferait dans une conversation mondaine, dans le salon de Madame de la Sablière : « La bagatelle, la science / Les chimères, le rien, tout est bon : je soutiens / Qu'il faut de tout aux entretiens. » Mêler l'imagination à la pensée permet d'aborder plus de sujets : en introduisant une forme de délicatesse, ce mariage définit l'art subtil de la conversation.

PREMIÈRE PARTIE

L'exposé oral sur un des textes du descriptif

- **Temps de préparation :** 30 minutes
- **Durée de l'exposé :** 12 minutes
- L'examinateur propose au candidat l'un des textes de son descriptif, ainsi qu'une question de grammaire qui porte sur un bref extrait (phrase ou partie de phrase) du texte à travailler.
- À l'issue du temps de préparation, le candidat expose son analyse du texte en respectant la démarche suivante : situation du texte dans l'œuvre ou dans le groupement choisi par le professeur, lecture expressive, explication linéaire et réponse à la question de grammaire.

EXTRAIT CHOISI « Le Cierge », p. 122

1 Le texte et sa présentation

- Votre examinateur vous soumettra, pour la lecture linéaire, un texte issu du descriptif construit par votre professeur. Les documents officiels indiquent que le texte ne devra pas excéder une vingtaine de lignes de prose continue : le cas échéant, votre examinateur pourra donc sélectionner une partie seulement d'un texte.

- L'introduction impose une brève présentation de l'œuvre dont le texte est extrait. Elle rend compte aussi, sous la forme d'un résumé, du sens littéral du texte.

S'entraîner à la lecture à voix haute

La lecture est une étape essentielle de l'explication. Elle est notée sur 2 points. Il faut faire attention à ne pas lire trop vite, à respecter la ponctuation et à donner vie au texte en exprimant ses tonalités.

On évalue votre capacité à :
- adresser votre lecture ;
- faire entendre votre voix ;
- faire preuve d'une intention de sens.

On perçoit, dès la lecture du texte, si celui-ci est bien compris. C'est pourquoi il est important de vous y entraîner. Appuyez-vous sur la **ponctuation**, essayez de transmettre les **émotions** du personnage. N'hésitez pas à vous enregistrer, vous écouter, vous corriger.

2 L'explication linéaire à l'oral

- Développez l'explication en citant le texte et en vous appuyant sur des remarques précises sur sa forme et ses procédés d'écriture. Soulignez les transitions entre les grandes parties de votre explication.

- Concluez par une réponse claire et concise à la question posée en introduction.

S'entraîner à l'explication linéaire

Construire à l'oral une explication linéaire n'est pas chose facile. Il vous faudra vous entraîner, pour réussir à rester dans les bornes temporelles de l'épreuve (soit huit minutes environ, ce qui est très bref), et pour présenter vos analyses de texte de manière fluide, en évitant l'écueil des répétitions. Vous devez donc faire attention à :

– La nécessité d'une architecture et d'un fil conducteur

Les principaux dangers de l'explication linéaire résident dans la paraphrase et la juxtaposition d'analyses stylistiques sans lien les unes avec les autres. Afin de mettre en évidence l'unité du texte, **articulez votre explication autour d'une problématique**. Ce questionnement doit être le fil directeur de votre étude. Ne vous contentez pas de l'évoquer au début et à la fin de votre exposé. **Revenez-y régulièrement**, sans quoi vous risquez de transformer l'explication en une liste de procédés. **Tenez bien compte du plan de votre étude**, fondé sur une analyse précise de la structure du texte. N'oubliez pas que **vos analyses doivent être des arguments** venant démontrer la validité des axes annoncés.

Vers le BAC

– Travailler la fluidité de l'explication

Un autre risque, à l'oral, est d'annoncer les analyses à l'aide des mêmes formules grammaticales (« on voit », « il y a »...). **Variez les expressions que vous employez.** Soignez également le choix de vos connecteurs logiques. Préférez commencer vos phrases par une interprétation, que vous justifierez ensuite par un exemple analysé, plutôt que de commencer par lire une phrase avant de l'analyser en repérant les procédés.

– Réfléchir aux attentes de l'examinateur

Passer un examen, c'est toujours se poser cette question : qu'attend-on de moi ? Sur quels critères serai-je évalué ? L'examinateur veut savoir si vous avez compris le texte et si vous savez utiliser des outils pour l'interpréter. Il sera également attentif à vos **qualités d'expression** et de **communication**. Surveillez votre syntaxe, faites des phrases courtes, choisissez avec soin votre vocabulaire et n'oubliez pas de regarder parfois votre interlocuteur !

Exemple d'explication linéaire

• La question qui sert de fil conducteur à l'explication de texte est la suivante : comment La Fontaine dénonce-t-il l'aveuglement de l'homme ?

I. Un récit dynamique (v. 1-16)

a. Vers 1 à 10. Le fabuliste sait construire son récit et dramatiser l'action. La fable est bâtie comme une tragédie en trois actes. Des vers 1 à 10 court l'exposition ; le cadre spatio-temporel et les protagonistes sont présentés. Le lieu et le temps sont mythologiques (« Mont Hymette », vers 3 ; « séjour des Dieux », vers 1 ; « zéphirs », vers 4), le personnage principal est un cierge (vers 10). Le cadre mythologique est dépeint de façon extrêmement précise : le « Mont Hymette » n'est pas seulement nommé (vers 3), sa fonction est présentée sur trois vers entiers (vers 3-6). L'enjambement des vers 5 à 6 dit ainsi l'abondance d'informations. Le souci du détail se lit dans la caractérisation du cierge.

b. Vers 11 à 16. Le vers 11 ouvre l'acte II et amène la péripétie : le cierge, pour ressembler à une brique, se jette au feu (vers 15). Cette péripétie permet de mieux comprendre le caractère du cierge. En effet, malgré la brièveté de la fable, le personnage du cierge est doté d'un caractère propre : comparé à « Empédocle » (vers 13), tenté par l'immortalité (vers 11-12) et taxé de « fo[lie] » (vers 14 et 20), il acquiert, au fil de la fable, une véritable personnalité. Doté de capacités logiques (« voyant la terre en brique durcie », vers 11) et d'affects (« il eut la même envie », vers 12), il possède une épaisseur psychologique. Le caractère dramatique de l'événement est souligné par le rythme des vers. À l'alexandrin du vers 13, succède un bref octosyllabe et le geste déraisonnable du cierge est dit en un hémistiche (vers 15). Ce raccourcissement métrique, ainsi que l'enjambement, font entendre l'accélération de l'action et le rythme décroissant (12 / 8 / 6) mime la disparition du cierge. Tout comme les syllabes fondent, fond le cierge.

c. L'acte III, celui du dénouement tragique, vient plus tard : en un vers laconique (vers 19), La Fontaine annonce la mort du protagoniste central (« se fondit »). L'allitération en sifflantes (« Cire, brasier, se fondit ») fait entendre le crépitement des flammes et la liquéfaction du cierge.

II. Une morale explicite (v. 17-20)

a. Le moraliste s'adresse au lecteur. « Le Cierge » propose une morale, formulée de façon explicite. Cette dernière conclut en effet, sur 4 vers, la fable (vers 17-20). Le passage du passé simple, signe du discours narratif, au présent de vérité générale (« est », vers 17) et à l'impératif (« ôtez-vous de l'esprit », vers 17) souligne que c'est le moraliste, et non plus le conteur, qui prend la parole. La rupture temporelle se double d'une rupture au niveau du système d'énonciation : le lecteur, à la fin du texte, est apostrophé directement (« ôtez-vous », vers 17) et invité à tirer une leçon du récit. Le pronom possessif « le vôtre » rime avec « autre » (vers 18 et 20). Ce rapprochement par le biais de la rime dit le lien que le lecteur doit faire entre lui et l'« Empédocle de Cire ». Le lecteur est donc invité à faire une lecture allégorique du récit. La majuscule portée par le substantif « Cierge » (vers 10 et 16) ainsi que la personnification du cierge (il agit et réfléchit, vers 11-15) est le signe de ce fonctionnement allégorique. Derrière le voile de la fiction, le lecteur doit voir l'homme du XVIIe siècle et entendre la leçon morale du fabuliste.

b. Une relecture morale de la fable à partir de l'injonction finale. Ce que La Fontaine condamne dans « Le Cierge », c'est l'aveuglement de l'homme. Aveuglement, puisque le cierge n'est pas capable de raisonner correctement. Ses capacités réflexives sont moquées par le fabuliste. Les expressions hyperboliques et péjoratives,

« pure folie » (vers 14), « ne savait grain de Philosophie » (vers 16), ainsi que la locution dépréciative « mal raisonné » (vers 15), soulignent le manque de bon sens et d'intelligence du cierge. Au lieu d'être gouverné par sa raison, c'est sa passion qui l'emporte et le condamne. L'« envie », dans la fable, rime ainsi avec « folie » (vers 12 et 14). Aveuglé, le cierge l'est aussi puisqu'il méconnaît sa véritable nature. Il est en effet tenté par l'immortalité (vers 11-12) alors qu'il n'est qu'une matière périssable et éphémère, « façonné » par une main créatrice (« on fit mainte bougie », vers 9).

• Le danger contre lequel La Fontaine veut mettre en garde l'homme est donc celui de la démesure : l'homme ne doit pas céder à son orgueil et doit reconnaître ses limites. Mortel, l'immortalité divine lui est interdite. La mort finale du cierge (vers 19) vient rappeler cette finitude inhérente à la condition humaine. Tel Icare, le cierge s'est brûlé les ailes en voulant égaler les « Dieux ». Aveuglé enfin, le cierge l'est en ce qu'il croit être le centre de la création. « [Ô]tez-vous de l'esprit / Qu'aucun être ait été composé sur le vôtre », tonne La Fontaine. Puisqu'il n'est qu'un être parmi les autres, l'homme doit savoir rester humble. La périphrase pompeuse « Empédocle de Cire » (vers 19) résonne donc de façon ironique : l'homme se veut pilier, mais il n'est que fumée. Une façon de nous rappeler la leçon de l'Ecclésiaste : poussière, tu retourneras à la poussière...

Conclusion

La légèreté et le dynamisme narratifs, maniés avec habileté par La Fontaine, ne doivent pas masquer l'essentiel. Plus qu'à divertir, le fabuliste cherche à instruire. De la fable du « Cierge », le lecteur doit retenir une leçon morale : l'homme est vain et mortel. La Fontaine, dans cette fable, déploie ainsi un discours religieux très proche de celui des moralistes augustiniens de son temps, qui rappellent sans cesse à l'homme sa misère et sa finitude. Finalement, La Fontaine ne serait qu'un Pascal souriant.

3 La question de grammaire

- **Durée :** 2 minutes
- La question de grammaire porte sur le texte. Elle vise l'analyse syntaxique d'une courte phrase ou d'une partie du texte.

SUJET Dans l'extrait suivant, repérez la proposition principale et identifiez les propositions subordonnées.

« Quand on eut des palais de ces filles du Ciel
Enlevé l'ambroisie en leurs chambres enclose,
   Ou, pour dire en français la chose,
   Après que les ruches sans miel
N'eurent plus que la cire, on fit mainte bougie. »

Question de grammaire corrigée

- Pour délimiter les propositions, repérez les verbes conjugués. Il faut prendre garde aux verbes conjugués à des temps composés : c'est le cas du verbe enlever au passé antérieur (« eut [...] enlevé »).

- On distingue alors la **proposition principale**, à la fin de l'extrait, « *on fit mainte bougie* », et **deux propositions subordonnées** complément circonstanciel de temps reliées entre elles par la **conjonction de coordination** « ou » : la première introduite par « Quand », jusqu'à « enclose », et la seconde introduite par la **conjonction de subordination** « après que », qui impose un verbe à l'indicatif, jusqu'à « cire ».

- Il reste à identifier « pour dire en français la chose » : il s'agit d'une **proposition infinitive** complément circonstanciel de manière. Dans cette proposition, résident l'ironie et la malice de La Fontaine. Après s'être exprimé en poète précieux, dans une langue saturée de métaphores et de périphrases, il choisit des mots simples et s'exprime dans une langue commune. Non sans humour, il montre surtout son aisance dans toutes les tonalités.

Vers le BAC

SECONDE PARTIE

L'entretien avec l'examinateur sur l'œuvre étudiée

- **Durée :** 8 minutes
- **Barème :** 8 points
- **Premier temps de l'épreuve :** présentation par le candidat d'une œuvre choisie parmi celles étudiées en lecture intégrale en classe avec le professeur, et exposé argumenté des raisons de ce choix.
- **Second temps de l'épreuve :** entretien avec l'examinateur sur cette œuvre.

1 La présentation de l'œuvre choisie

Conseils de méthode

Vous choisirez de présenter à votre examinateur l'une des quatre œuvres intégrales (une par objet d'étude, étudiées durant l'année) ou une œuvre proposée par le professeur en lecture cursive.

- Choisissez une œuvre que vous avez aimée, ou qui vous a interrogé, ou même intrigué. Il ne s'agit pas simplement de parler « sur » l'œuvre, mais de défendre votre choix et votre lecture, à l'aide d'arguments construits, élaborés à l'avance, étayés par des exemples précis qui démontrent votre connaissance approfondie de l'œuvre en question et aussi des textes abordés dans le parcours associé.

- Préparez cet exercice durant l'année en élaborant un dossier personnel sur les œuvres, à partir d'un carnet de lecture dans lequel vous noterez vos impressions de lecteur, vos remarques, tout ce à quoi cette lecture vous fait penser, les références que vous pouvez mobiliser pour en discuter.

Présenter les *Fables*

- Si vous choisissez de présenter les livres VII à XI des *Fables* de La Fontaine à l'oral, voici des exemples de questions auxquelles vous devrez pouvoir répondre avec précision :

– Pour quelles raisons avez-vous choisi cette œuvre ? En quoi vous a-t-elle intéressé(e), interrogé(e), touché(e) ?

- Qui est La Fontaine ?
- Quels types de personnages peuplent les *Fables* ?
- Qu'y a-t-il de théâtral dans ces récits ?
- Quelle forme d'humour ces livres contiennent-ils ?
- En quoi cette œuvre est-elle classique ?
- Quel portrait La Fontaine dresse-t-il de l'honnête homme ?
- Comment la fable mêle-t-elle pensée et imagination ?
- Qu'est-ce qu'un apologue ? Quelle est sa fonction ?
- Quelle est la fable qui vous a le plus marqué(e) ?
- Quelles citations de La Fontaine retenez-vous ?
- Cette lecture vous a-t-elle posé des problèmes ? Pourquoi ?
- Que nous apporte aujourd'hui la lecture de La Fontaine ?

2 L'entretien avec l'examinateur

• Durant cette dernière partie de l'examen, l'examinateur s'appuie sur les éléments que vous aurez exposés pour évaluer votre capacité à dialoguer, à étoffer, nuancer ou parfois remettre en cause votre réflexion, à défendre votre point de vue de lecteur avec justesse et sensibilité, et à tisser des liens entre les textes, entre les œuvres littéraires et artistiques, ou entre les époques d'hier et d'aujourd'hui.

• Il ne s'agit pas d'un interrogatoire, mais d'un échange ouvert à partir d'une expérience de lecture d'une œuvre. Lors de votre préparation, il est donc important de choisir des fables à lire et à relire, afin de bien les connaître. Il est même conseillé d'en apprendre par cœur, ce qui permet une connaissance plus intime du texte. Vous pourrez ainsi évoquer ce qui fait le prix de cette oeuvre: des images frappantes, des scènes pleines de charme et d'humour, une langue qu'il convient de restituer dans ses moindre détails.

Lexique

Lexique de l'argumentation et de la littérature d'idées

- **Allégorie :** figure de style qui consiste à représenter une réalité abstraite, une idée, sous une forme concrète.

- **Antithèse :** figure de style qui consiste à opposer deux termes ou deux idées.

- **Apologue :** court récit allégorique à visée morale.

- **Argument :** idée avancée pour étayer une thèse, et qui fournit une bonne raison de croire à cette thèse.

- **Argument d'autorité :** argument attribué à une personne dont l'autorité est reconnue de tous. Ce peut être, par exemple, l'argument d'un médecin dans un débat scientifique.

- **Blâme :** portrait dépréciatif.

- **Caricature :** portrait qui grossit les défauts de manière à susciter un rire moqueur.

- **Conte merveilleux :** récit bref qui met en scène des personnages merveilleux, dans un cadre spatio-temporel très vague, dont l'issue est le plus souvent heureuse.

- **Conte philosophique :** conte qui met en scène un personnage à qui il arrive des aventures peu vraisemblables, dont le but est de critiquer la société de l'auteur et de défendre des idées philosophiques.

- **Délibérer :** peser le pour et le contre, envisager l'avenir pour prendre la meilleure décision possible.

- **Éloge :** portrait mélioratif (ou laudatif).

- **Essai :** œuvre argumentative en prose.

- **Exemple :** cas particulier qui illustre un argument, qui rend un argument plus convaincant.

- **Fable :** apologue en vers.

- **Pamphlet :** écrit bref et virulent qui critique violemment quelque chose ou quelqu'un.

- **Plaidoirie :** dans un procès, exposé des faits pour défendre le point de vue de l'une des parties : l'accusation ou la défense.

- **Raisonnement inductif :** raisonnement qui va du particulier au général.

- **Raisonnement déductif :** raisonnement qui va du général au particulier.

- **Raisonnement par analogie :** raisonnement qui repose sur une comparaison.

- **Raisonnement par l'absurde :** raisonnement qui pousse le raisonnement de l'adversaire jusqu'au bout pour en montrer le caractère illogique.

- **Raisonnement concessif :** raisonnement qui reconnaît une part de justesse dans le raisonnement de l'adversaire pour mieux le critiquer ensuite (ex : certes tel argument est juste, mais la thèse est fausse).

- **Réquisitoire :** dans un procès, discours de l'accusation.

- **Rhétorique :** l'art du discours, ainsi que l'étude de ses effets sur un auditoire. Le philosophe grec Aristote fait reposer la rhétorique sur trois notions : le *logos*, le *pathos* et l'*ethos*. Le *logos* s'appuie sur la raison et la logique. Le *pathos* concerne les arguments dont l'efficacité est liée à la relation émotionnelle créée entre l'orateur et l'auditoire. L'*ethos* correspond à la manière dont l'orateur se présente, et aux qualités – sa crédibilité, sa vertu – qui lui permettent de gagner confiance de ceux qui l'écoutent.

- **Satire :** portrait moqueur et méprisant d'un groupe d'individus ou d'une société.

- **Thème :** sujet d'un texte.

- **Thèse :** opinion du locuteur sur le thème.

- **Traité :** démonstration rigoureuse qui met en évidence la validité d'une thèse.

- **Utopie :** récit qui décrit un monde imaginaire, clos, qui met en évidence un système politique et social idéal. Il s'agit à la fois de proposer un fonctionnement idéal et de critiquer le monde de l'auteur.

Conseils de lecture

■ Des livres du XVIIᵉ siècle

Savinien Cyrano de Bergerac, *L'Autre Monde. Les États et Empires de la Lune*, 1662

Le narrateur parvient après quelques déboires à atteindre le Lune, puis le Soleil. Mais entre la bêtise des hommes qui ne le croient pas et la colère des habitants des royaumes qu'il visite, il n'est pas au bout de ses peines !

Jean de La Bruyère, *Les Caractères* 1688

Lisez quelques portraits parmi ceux qui composent le chapitre « De la cour » : La Bruyère y peint avec ironie quelques courtisans dont les défauts rappellent ceux des personnages de certaines fables.

Molière, *Dom Juan* 1665

Dans cette comédie, Molière multiplie les dialogues entre le libertin Dom Juan et son valet Sganarelle. Une bonne occasion de comprendre les conflits philosophiques et religieux du XVIIᵉ siècle.

Charles Perrault, *Contes* 1697

Relisez les contes que vous connaissez pour les avoir lus quand vous étiez enfants. Vous serez surpris d'y trouver des allusions licencieuses, ou encore des moralités en vers que vous avez peut-être oubliées.

■ Des apologues d'autres époques

Voltaire, *Candide*, 1759

Candide commence par découvrir la misère du monde, avant de réfléchir à sa propre conception du bonheur. Il parvient alors dans une petite métairie ; et avec ses amis et ses compagnons de route, il cultive son jardin.

George Orwell, *La Ferme des animaux*, 1945

Grâce à des animaux, George Orwell, auteur du célèbre *1984*, met en évidence les dangers du totalitarisme.

Jean Anouilh, *Fables*, 1962

Anouilh réécrit des fables de La Fontaine, et, en les modernisant, il s'amuse parfois à en changer la moralité.

■ Et en plus...

Patrick Dandrey, *La Fontaine ou les métamorphoses d'Orphée*, 1995, Découvertes Gallimard.

Une biographie richement illustrée.

Fables de La Fontaine, mise en scène, lumières et décors de Robert Wilson, Comédie-Française, 2007

Dans ce DVD, vous apprécierez non seulement la mise en scène des fables, mais également l'esthétique d'un metteur en scène qui a marqué le XXe siècle.

https://www.la-fontaine-ch-thierry.net
Un site internet sur lequel vous trouverez toutes les fables annotées, mais également des illustrations et des documents complémentaires sur La Fontaine.

Index des fables

Âne et le Chien (l'), VIII, xvii 84
Animal dans la Lune (Un), VII, xix 50
Animaux malades
   de la Peste (Les), VII, ii 17
Araignée et l'Hirondelle (L'), X, vi 150
Avantage de la Science (L'), VIII, xix 88
Avertissement 14
À Madame de Montespan 15

Bassa et le Marchand (Le), VIII, xviii 86
Berger et le Roi (Le), X, ix 153
Berger et son troupeau (Le), IX, xix 131

Chat et le Rat (Le), VIII, xxii 93
Chat et le Renard (Le), IX, xiv 124
Chat, la Belette
   et le petit Lapin (Le), VII, xvi 47
Chien à qui on a coupé les oreilles
   (Le), X, viii 152
Chien qui porte à son cou le dîné
   de son Maître (Le), VIII, vii 66
Cierge (Le), IX, xii 122
Coche et la Mouche (Le), VII, x 31
Cochon, la Chèvre
   et le Mouton (Le), VIII, xii 73
Cour du Lion (La), VII, viii 28
Curé et le Mort (Le), VII, xii 36

Démocrite et les Abdéritains, VIII, xxvi .. 99
Dépositaire infidèle (Le), IX, i 103
Deux Amis (Les), VIII, xi 72
Deux Aventuriers et le Talisman
   (Les), X, xiii 161
Deux Chiens et l'Âne mort (Les), VIII, xxv 97
Deux Coqs (Les), VII, xiv 40
Deux Perroquets,
   le Roi et son Fils (Les), X, xi 158
Deux Pigeons (Les), IX, i 106
Deux Rats, le Renard et l'Œuf (Les), IX, xx . 00
Devineresses (Les), VII, xvi 45
Discours à Madame
   de La Sablière, IX, xx 132
Discours à Monsieur le duc
   de La Rochefoucauld, X, xiv 164

Écolier, le Pédant et le Maître
   d'un jardin (L'), IX, v 112
Éducation (L'), VIII, xxiv 96
Enfouisseur et son Compère (L'), X, iv ... 147
Épilogue, XI, x 190

Faucon et le Chapon (Le), VIII, xxi 92
Femmes et le Secret (Les), VIII, vi 64
Fermier, le Chien et le Renard (Le), XI, iii 173
Fille (La), VII, vi 24
Fou qui vend de la Sagesse (Le), IX, viii . 118

Gland et la Citrouille (Le), IX, iv 111

Héron (Le), VII, v 22
Homme et la Couleuvre (L'), X, i 141
Homme et la Puce (L'), VIII, v 64
Homme qui court après la Fortune
   et l'Homme qui l'attend
   dans son lit (L'), VII, xiii 37
Horoscope (L'), VIII, xvi 81
Huître et les Plaideurs (L'), IX, ix 119

Ingratitude et l'Injustice des Hommes
   envers la Fortune (L'), VII, xv 43

Jupiter et le Passager, IX, xiii 123
Jupiter et les Tonnerres, VIII, xx 89

Laitière et le Pot au lait (La), VII, x 32
Lion (Le), XI, i 169
Lion, le Loup et le Renard (Le), VIII, iii ... 57
Lion, le Singe et les Deux Ânes (Le), XI, v 177
Lionne et l'Ourse (La), X, xii 160
Loup et le Chasseur, VIII, xxvii 101
Loup et le Chien maigre (Le), IX, x 120
Loup et le Renard (Le), XI, vi 179
Loup et les Bergers (Le), X, v 148

Mal marié (Le), VII, 3 19
Marchand, le Gentilhomme,
   le Pâtre et le Fils de Roi (Le), X, xv ... 166
Mari, la Femme et le Voleur (Le), IX, xv . 126
Milan et le Rossignol (Le), IX, xviii 130
Mort et le Mourant (La), VIII, i 53

Obsèques de la Lionne
(Les), VIII, xiv............................ 77
Ours et l'Amateur des jardins
(L'), VIII, x................................ 70

Paysan de Danube (Le), XI, vii............ 181
Perdrix et les Coqs (La), X, vii............ 151
Poissons et le Berger qui joue
de la flûte (Les), X, x................. 157
Poissons et le Cormoran
(Les), X, iii............................. 145
Pour Monseigneur
le duc du Maine XI, ii.................. 171
Pouvoir des Fables
(Le), VIII, iv............................. 60

Rat et l'Éléphant (Le), VIII, xv 80
Rat et l'Huître (Le), VIII, ix 68
Rat qui s'est retiré du monde
(Le), VII, iv 21
Rien de Trop, IX, xi 121
Rieur et les Poissons
(Le), VIII, viii........................... 67

Savetier et le Financier
(Le), VIII, ii 55

Singe et le Chat (Le), IX, xvii 129
Singe et le Léopard (Le), IX, iii 110
Songe d'un habitant du Mogol
(Le), XI, iv 175
Souhaits (Les), VII, vii 25
Souris et le Chat-Huant
(Les), XI, ix 188
Souris métamorphosée en Fille
(La), IX, vii.............................. 115
Statuaire et la Statue de Jupiter
(Le), IX, vi 113

Tête et la Queue du Serpent
(La), VII, xviii 48
Tircis et Amarante VIII, xiii................ 75
Torrent et la Rivière
(Le), VIII, xxiii........................... 95
Tortue et les deux Canards
(La), X, ii 144
Trésor et les deux Hommes
(Le), IX, xvi 127

Vautours et les Pigeons
(Les), VII, ix 29
Vieillard et les trois jeunes Hommes
(Le), XI, viii 185

LE DOSSIER du lycéen • **237**

Dans la même collection

Carrés classiques BAC
Apollinaire, *Alcools*
Baudelaire, *Les Fleurs du Mal*
Beaumarchais, *Le Mariage de Figaro*
Hugo, *Les Contemplations*
La Fontaine, *Les Fables*
Madame de Lafayette, *La Princesse de Clèves*
Molière, *L'École des femmes*
Montaigne, *Les Essais*
Racine, *Phèdre*

Carrés classiques LYCÉE
31. *L'Encyclopédie* (textes choisis)
75. *L'Homme en débat au XVIIIe siècle* (anthologie)
82. *Nouvelles réalistes et naturalistes* (anthologie)
103. *Paroles de femmes* (anthologie)
107. *Poésie et politique* (anthologie)
106. *Rencontrer l'autre* (anthologie)
110. *Une terre et des hommes* (anthologie)
85. Apollinaire, *Alcools*
33. Balzac, *Gobseck*
60. Balzac, *L'Auberge rouge*
47. Balzac, *La Duchesse de Langeais*
18. Balzac, *Le Chef-d'œuvre inconnu*
72. Balzac, *Pierre Grassou*
95. Baudelaire, *Tableaux parisiens*
32. Beaumarchais, *Le Mariage de Figaro*
20. Corneille, *Le Cid*
78. Corneille, *Médée*
56. Flaubert, *Un cœur simple*
92. Giraudoux, *La guerre de Troie n'aura pas lieu*
77. Hugo, *Les Contemplations : Pauca Meæ*
49. Hugo, *Ruy Blas*
48. Marivaux, *L'Île des esclaves*
57. Marivaux, *Les Acteurs de bonne foi*
19. Maupassant, *La Maison Tellier*
69. Maupassant, *Une partie de campagne*
55. Molière, *Amphitryon*
15. Molière, *Dom Juan*
79. Molière, *Le Misanthrope*
35. Molière, *Le Tartuffe*
63. Musset, *Les Caprices de Marianne*
14. Musset, *On ne badine pas avec l'amour*
46. Racine, *Andromaque*
66. Racine, *Britannicus*
30. Racine, *Phèdre*
13. Rimbaud, *Illuminations*
99. Rimbaud, *Les Cahiers de Douai*
50. Verlaine, *Fêtes galantes et romances sans paroles*
45. Voltaire, *Candide*
88. Voltaire, *Zadig*

Crédits photographiques

Couverture : « Les Animaux malades de la Peste », *Fables* de La Fontaine, mise en scène, décors et lumières de Robert Wilson, à la Comédie Française, avec Nicolas Lormeau, Christian Gonon, Julie Sicard, © Pascal Victor/ArtCompress.

4 : Portrait de Jean de La Fontaine (1621-1695), par François de Troy, Bibliothèque publique universitaire, Genève. © BIS / Ph. J. Arland © Archives Larbor.

11 : BIS / Ph. © Coll. Archives Larbor/DR.

13 : Portrait de Jean de La Fontaine (1621-1695), gravure colorée tirée du *Plutarque Français* d'Edmond Mennechet, 1836, © Bianchetti/Leemage.

34 : BIS / Ph. © Archives Nathan.

58 : © Costa/Leemage.

78 : BIS / Ph. Coll. Archives Nathan.

155 : BIS / © Archives Larbor.

186 : BIS / Ph. Coll. Archives Nathan.

195 et plat II de couverture : DR.

208 et plat III de couverture : Photo © RMN-Grand Palais/René-Gabriel Ojéda.

Conception graphique : Élise Launay
Design de couverture : Élise Launay
Recherche iconographique : Annie-Claire Auliard, Célia Diop
Mise en page : Fa compo
Fabrication : Camille Friquet
Édition : Claire Beilin-Bourgeois